Kærlighed er svaret

Swamini Krishnamrita Prana

Mata Amritanandamayi Center, San Ramon
Californien, Forenede Stater

Kærlighed er svaret
af Swamini Krishnamrita Prana

Udgivet af:
   Mata Amritanandamayi Center
   P.O. Box 613
   San Ramon, CA 94583
   Forenede Stater

---------- *Love is the Answer (Danish)* ----------

Copyright © 2016 Mata Amritanandamayi Center
   P.O. Box 613, San Ramon, CA 94583
   Forenede Stater

Alle rettigheder forbeholdes. Ingen del af denne udgivelse må opbevares i nogen form for databasesystem. Der må heller ikke transmitteres, kopieres, gengives, afskrives eller oversættes til noget sprog, i nogen form, uden forudgående skriftlig tilladelse fra udgiveren.

Første udgave af Mata Amritanandamayi Center:
   oktober 2016

Danmark:
   info@amma-danmark.dk
   www.amma-danmark.dk

Indien:
   inform@amritapuri.org
   www.amritapuri.org

Indhold

1. Inkarnationen af ren kærlighed — 7
2. Uselviskhedens kultur — 15
3. Kærligheden helbreder alle sår — 21
4. Medfølelsens sommerfugl — 31
5. Guds kærlighed i menneskelig form — 39
6. Frisk som en forårsblomst — 47
7. Den højeste sadhana — 57
8. Hemmeligheden bag glæde — 67
9. Elsk Amma i alle — 75
10. Fravær af tilknytning er kærlighed i forklædning — 83
11. At skabe indre frihed — 93
12. Vær altid en begynder — 103
13. Sindets monster — 111
14. Amma får alt det negative til at smelte og forsvinde — 121
15. At tjene andre uselvisk fører til nåde — 129
16. Det guddommelige vil altid tage vare på os — 137
17. At finde vores sande dharma — 145
18. Find den indre tro — 155

Emnet vi skal tale om i
aften er kærlighed.
Og det er det også i morgen.
I virkeligheden kender jeg intet
bedre emne at tale om,
indtil vi alle dør.
— Hafiz

Kapitel 1

Inkarnationen af ren kærlighed

"Når du indser, hvor fuldkomment alt er, vil du kaste hovedet bagover og le op mod himlen."

– *Buddha*

Amma fortæller os ofte, at vi ikke skal sige: "Jeg elsker dig." I stedet skal vi sige: "Jeg er kærlighed." Det er en fundamental grundsten i hendes lære, men hvad betyder det egentlig at være kærlighed? Det er i virkeligheden umuligt at forstå begrebet kærlighed med ord, men hvis vi lader kvaliteter som uskyld og medfølelse fylde vores hjerter, vil vi kunne erfare ordets betydning. Hvis vi ser på Amma med ydmyghed og et åbent hjerte, vil vi være i stand til at tune lige ind i essensen af det, hun siger.

Når der er ren kærlighed i vores hjerte, er der ingen adskilthed, alt bliver ganske enkelt ét. Vi søger alle efter den kærlighed, men den er ikke så langt væk: den venter snarere tålmodigt inde i os alle sammen. At blive kærlighed er det, vi eksisterer for, men vi er tilbøjelige til at bruge megen tid på at søge alt muligt andet i det ydre og aldrig finde den ultimative opfyldelse af livets mål. I stedet opfordrer Amma os til at give slip på alt det negative, der findes indeni os, og smelte sammen med den rene kærlighed, der er blevet låst inde i vores hjerte. I teorien lyder det så enkelt, men i praksis er det utrolig vanskeligt at gennemføre.

Amma er som en overstrømmende flod af godhed. Hendes godhed består ikke kun i, at hun har opnået den ultimative tilstand af Gudsrealisering, men også i at hun lever et liv, hvor hun omslutter alt med ubetinget medfølelse. Det er helt enkelt en mors naturlige væsen at udtrykke sin kærlighed.

Jeg husker en dag, hvor Amma vendte sig mod mig i bilen og med stor omsorg strøg mig hen over skulderen. Det var, som om hun sagde: "Jeg vil bare lade dig vide, at jeg elsker dig." Jeg husker, at hun gjorde det, uden at der var nogen grund til det. Nogle gange strømmer hendes sødme bare over – hun kan ikke lade være. En anden gang kaldte hun på mig og begyndte at tale om et eller andet. Efter et lille stykke tid sagde hun: "Nu kan du godt gå. Jeg havde ikke set dit ansigt i et par dage, så jeg ønskede bare at se dig." Amma ønsker på den ene eller den anden måde at gøre alle glade. Jeg har aldrig forsøgt at få opmærksomhed fra hende, fordi jeg ved, at Amma vil give mig det, jeg virkelig har brug for.

Når kærligheden fylder vores hjerte, strømmer den over i form af medfølelse. Ved flere lejligheder har jeg hørt Amma sige: "Min vej er ikke moksha (befrielse). Min vej er at elske og tjene verden."

Det forvirrede mig de første par gange, jeg hørte hende fortælle det. Jeg tænkte: "Hvordan kan jeg fortælle det videre til andre? De vil blive så skuffede, fordi alle tror, at moksha er livets mål." Så hørte jeg den anden del af det.

"Vejen for en sannyasin (munk eller nonne) er at glemme alt om sin egen befrielse. De skal være beredte på at glemme sig selv og gå ned i helvedet for at hjælpe andre til at løfte sig." Da forstod jeg, at hun talte om det allerhøjeste ideal: at vise medfølelse i alle vore handlinger.

Vores mål skal ikke være at lave spirituel praksis, fordi vi søger vores egen befrielse. Det skal snarere være at elske og tjene verden, fordi det er den højeste vej, man kan gå. I stedet for at bede: "Befri mig fra det her," skal vi bede bønnen: "Hjælp mig til at acceptere den guddommelige vilje og på en eller anden måde tjene verden."

Medfølelse er vores sande natur. Desværre ligger den i dvale inde i de fleste mennesker, hvor den er utilgængelig og dækket med alt muligt, der er beskidt. Hvis vi ønsker at vække kærlighedens sande natur inde i os selv, skal vores eneste mål ikke være at opnå ting. Vi må også lære at give noget til andre. I stedet for at fokusere på at modtage, skal vi fokusere på at vise andre medfølelse, når som helst vi er i stand til det. Hvis vi ønsker at være højt udviklede mennesker, må vi forstå alle mennesker og have medfølelse med dem og hjælpe dem på alle de måder, vi kan. Medfølelse er en hjørnesten i Ammas livsfilosofi. Hun praktiserer kærlighed

Inkarnationen af ren kærlighed

og medfølelse i forhold til alle, og gennem sit personlige eksempel viser hun hver dag os andre, hvordan vi også kan gøre det.

Folk har ingen anelse om, hvor meget Amma oprigtigt ønsker at glæde os. Hendes mål er at fjerne lidelsen, når mennesker er fortvivlede. Hver eneste af Ammas handlinger er sand seva, som er at tjene andre og at vise medfølelse på en uselvisk måde.

På den måde, Amma lever sit liv, giver hun afkald på ting i ekstrem grad. Men det er afkald, som udspringer af kærlighed. Hun sætter altid andres behov før sine egne. Hun vil ikke spise noget, før hun har givet af sig selv ved at tjene andre. Hvor de fleste mennesker får mindst to eller tre måltider om dagen, får Amma kun ét, hvis overhovedet noget. Hun spiser aldrig morgenmad og begynder at give darshan[1] omkring klokken ti eller elleve om morgenen. Hun faster hele dagen og får først et måltid mad, når hun er færdig med at give darshan og kommer tilbage til sit værelse. I ashrammen er det ofte først ved midnatstid. Når Amma rejser, slutter hendes

---

[1] Traditionelt betyder darshan "vision" af en helgen, men Amma velsigner alle gennem sin omfavnelse.

programmer for det meste klokken tre eller fire om morgenen, nogle gange senere. Alligevel fortsætter hun med at faste til langt ud på natten.

Det er sjældent, at Amma sover mere end et par timer hver nat, og der er mange nætter, hvor hun ganske enkelt ikke sover. Hun tilbringer hvert eneste vågent øjeblik med at fokusere på, hvordan hun kan tjene andre. Uanset om det udtrykker sig ved, at hun omfavner mennesker, læser de hundredvis af breve, hun personligt modtager hver dag, rådgiver hengivne og besvarer deres spørgsmål, eller om hun leder de utallige humanitære projekter, hospitaler, børnehjem og skoler, hun har grundlagt. Amma har bogstaveligt talt lyttet til millioner af menneskers problemer og på alle mulige måder gjort sig selv tilgængelig for hver eneste af dem. Hun har altid fulgt en dharmisk (retfærdig) vej, hvor kærligheden har inspireret hende til ofre sig og tjene.

Det er hendes liv: helt enkelt at give.

Amma tilbeder hvert eneste menneske, der kommer for at møde hende, og det er ikke den anden vej rundt. Nogle mennesker har misforstået det og troet, at Amma ønsker at blive tilbedt, men det er langt fra sandheden og næsten til at grine af, når man ser på, hvordan hun lever i hverdagen. Det er den yderste grad af opofrelse hver eneste dag at gøre sig selv offentligt tilgængelig i timevis uden ophør, uanset hvordan hun har det.

Der er dagen lang mennesker, der rører ved Amma og holder om hende, og hun får ingen pauser til at spise eller gå på toilettet. Hun fortsætter hele dagen og langt ud på natten. For de fleste mennesker ville den livsform virke som en forfærdelig afstraffelse. At lytte til den samme type klager, spørgsmål og anmodninger hver dag ville drive de fleste af os til vanvid. Men Amma fortsætter med at møde alle, der kommer for at møde hende, med kærlighed og glæde, og hun har gjort det uden ophør igennem de sidste 45 år.

Amma er legemliggørelsen af sand tilbedelse. Hun ser det guddommelige i alle mennesker og tilbeder Gud gennem tjeneste, medfølelse og empati. Det er kraften i den rene, autentiske kærlighed, der gør det muligt for hende at give af sig selv hele tiden og opnå overmenneskelige resultater i sit arbejde.

I nutidens verden finder man ingen anden Mahatma (stor sjæl) som Amma. Der har aldrig været nogen i historien, som har givet mere kærlighed, nåde og medfølelse til verden end hende. Hun er essensen af alt guddommeligt. Uanset hvor langt man ser sig omkring, har der aldrig været nogen anden lærer, som har spredt så meget visdom, glæde og latter.

Amma viser verden, hvad der kan gøres, når man har ladet det guddommelige tage bolig i sit hjerte. Hun siger: "Du har kærligheden indeni, du behøver kun at ændre din indstilling. Du er ikke som en lille lyskilde. Du er snarere som transformerstationen, der kan skabe en kolossal mængde elektricitet. Du er ikke som et stearinlys, der skal tændes, men snarere som den strålende sol, der selv skinner."

Amma minder os hele tiden om, at vi også har den guddommelige gnist af ren kærlighed indeni, som venter på at blive tændt og transformere os. Vi er ganske enkelt nødt til at blive ved med at puste til den, og så vil den blive som et stort bål, der ødelægger alt det negative i os og bringer lys til verden.

Kapitel 2

Uselviskhedens kultur

"Det, der tæller, er ikke store handlinger, men stor kærlighed. Hellighed er en hverdagsting."

— *Thérèse af Lisieux*

Nogle gange fortæller Amma, at hendes mor var hendes guru. Hun har ofte fortalt os, at hendes mor var et eksempel på de traditionelle værdier, som knytter sig til at elske og tjene. Amma har sagt: "Jeg har fortalt jer, at I skal elske andre som jer selv, men Damayanti Amma viste mig det budskab gennem sine handlinger."

Da Amma var barn, plejede landsbyens beboere ikke at tænde en tændstik eller en lampe i hvert eneste hus. Lampen blev tændt i ét af husene, og derfra bragte man den rundt sammen med skallen fra en kokosnød og en væge, så der også blev tændt lys i andre huse. Ammas mor lærte Amma, at når hun gik hen for at få lampen tændt i et andet hus, skulle hun altid først undersøge, om der var nogen, som havde brug for hjælp. Hvis noget ude i køkkenet var beskidt, vaskede hun det hele op, fejede gulvet og hjalp til på alle mulige måder. Først herefter indvilligede hun i at få sin lampe tændt. Hun lod ikke nogen tænde lampen, før hun havde gjort sin pligt. Ved at opdrage Amma på den måde var hendes mor et eksempel på den type værdier, som styrede livet i landsbyen, og som kendetegnede Ammas opvækst.

Levebrødet i Ammas landsby var fiskeri, men folk udførte ikke arbejdet som ansatte og virksomhedsejere. Den økonomiske struktur var i stedet baseret på, at man i fællesskabet deltes om ting og støttede hinanden. Man passede på hinanden, selvom det gik ud over ens egen vinding. Samarbejde blev altid værdsat mere end konkurrence. De værdier, som handlede om arbejde og penge, var i langt højere grad baseret på fællesskab, da Amma var barn, end de er i dag.

Når fiskerne fra landsbyen kom tilbage fra havet med deres fangst, solgte de den og gav 75 procent af deres overskud til alle, der havde hjulpet dem, og alle fik lige meget. De afsatte også

Uselviskhedens kultur

noget af overskuddet til de gamle og enkerne, som ikke selv var i stand til at klare sig. De, som havde brug for noget, behøvede ikke at spørge om det, fordi man gav dem altid noget. Hvis der var småpenge tilbage, gav man dem til børnene, så de kunne købe lidt slik.

Denne atmosfære prægede hele livet i landsbyen. Selvom Ammas far ikke havde fanget noget, plejede hendes mor alligevel at stille en tallerken med mad til side til de mennesker, der boede ved siden af dem, i fald de ikke havde noget at spise. Ammas familie forsøgte at få den lille mængde mad, de selv havde, til at række, så børnene ved siden af ikke skulle sulte.

Der var tradition for, at man altid blev tilbudt noget mad, hvis man kom på besøg hos hinanden. Derfor sikrede man sig, at man ikke gik hen og besøgte nogen, før alle i det hus havde fået noget mad. Man vidste, at værten ville insistere på at give en noget mad, og man ville ikke være til ulejlighed, hvis man var klar over, at de ikke havde mad nok. Indbyggerne i landsbyen tænkte altid først på andre, inden de tænkte på sig selv; det var en dybt indgroet vane for dem at leve på den måde. Amma siger, at det var essensen af den kærlighed, som dengang holdt familier og samfund sammen.

Hvis der var et bryllup eller en festival i landsbyen, plejede man at tilbyde sit bedste tøj til hinanden, så alle kunne klæde sig i pænt tøj til festen. Hvis der var et bryllup i et af hjemmene, plejede alle andre i nærheden at give nogle penge for at hjælpe med til at betale for festlighederne. Donationerne blev skrevet op i en bog, og på et senere tidspunkt blev tjenesterne givet tilbage. Der var ingen, der hamstrede, fordi folk virkelig levede i nuet. Landsbyboerne tænkte ikke på at spare penge op til fremtiden. De havde ingen bankkonti, men levede ganske enkelt fra dag til dag. Dette system kunne fungere, fordi landsbyboerne var villige til at passe på hinanden.

Da Amma voksede op, spredte hendes familie og beboerne i hendes landsby en oprigtig kærlighed, som kom fra hjertet, omkring sig. Ammas barndom var fuld af enkelthed og uskyld. Når børnene legede, var alle med til at passe dem. Folk tænkte ikke, sådan som de ville gøre i dag: "Disse børn er mine, og de er mit ansvar. Dine børn er dit eget ansvar." I stedet fik alle børnene mad og blev opdraget af alle de voksne i landsbyen. Hendes søskende og de andre børn i landsbyen løb og legede sammen, de klatrede i mangotræerne og svømmede i vandområderne. Det var som om, man fejrede en festival hver dag, fordi der var så stor nærhed mellem familiemedlemmerne og beboerne i landsbyen.

Den materielle fremdrift var ikke særlig stærk, men kærligheden var kolossal stor. Da Amma var barn, fik hun kun to sæt tøj hvert år. Det ene sæt tøj fik hun ved Onam-festivalen, og det andet fik hun ved begyndelsen af skoleåret, og disse to sæt tøj skulle række til et helt år.

Da Amma for nylig talte med en dreng, som stod ved siden af hende under darshan, gav hun en satsang[2] om fattigdom. Hun insisterede på at fortælle ham, at selvom han boede i Indien, var hans egne vilkår så luksuriøse, at han ingen anelse havde om, hvor meget de fleste mennesker må kæmpe. Amma fortalte ham, at da hun var barn, havde hun ikke noget legetøj; hun havde

---

[2] Satsang betyder samvær med sandheden. Satsang er også betegnelsen for samværet med en spirituel lærer eller mester, hvor der sker en overførsel af viden, stilhed og nærvær.

venner. Han havde omvendt meget legetøj, men hvor mange gode venner havde han? Ved en anden lejlighed så Amma, hvordan nogle børn legede i sandet, og hun bemærkede trist: "I gamle dage havde børn en uskyld i deres leg, men nu har de fået legetøjshuse i stedet for."

Amma værdsætter de mødre, som videregiver en samskara (kultur) af uselviskhed til deres børn, fordi de derved giver deres familie og samfundet nogle gode værdier. Disse værdier vil støtte og bære os i fremtiden. Amma modtog denne samskara i sit eget hjem, men den nuværende generation savner ofte at modtage denne dyrebare kultur igennem deres opdragelse.

Kapitel 3

Kærligheden helbreder alle sår

"I sidste ende er der intet, vi gør eller siger i denne livstid, der vil tælle lige så meget som måden, vi har elsket hinanden på."

– Daphne Rose Kingman

Når jeg i de tidlige år sad ved siden af Amma og stillede hende spørgsmål, plejede jeg at tænke, at det var egenskaber som lidenskabsløshed og afkald, vi skulle lære af hende, men Amma blev ved med at skubbe mig til at sigte efter kærlighed. Jeg tænkte sjældent over kærligheden, da jeg i starten var sammen med Amma. På det tidspunkt følte jeg mig klar til at begynde et 'virkeligt' spirituelt liv, og derfor ønskede jeg at sigte efter noget højere. Men Amma blev ved med at lære mig, at kærlighedens kraft er den stærkeste kraft i hele verden. Vi kan udrette hvad som helst, hvis vi har kærligheden. I sidste ende vil kærligheden helbrede alle de sår, der findes i verden.

De virkelig store bedrifter, som menneskeheden har opnået, har kun været mulige takket være et fundament af kærlighed, som lå nedenunder, og som affødte godheden og en dedikeret indstilling til tingene. Hvis et barn er sygt og har brug for at komme på hospitalet, kan forældrene holde sig vågne i dagevis for at være sammen med barnet. Kærlighed kan skubbe kroppen ud over dens normale begrænsninger. Det er kærlighed, som giver os styrken til at gennemgå de vanskeligheder og barrierer, der kan opstå i livet. Hvis vi kan udvikle en sand kærlighed indeni os selv, vil vi finde ud af, at hvad som helst er muligt.

Der var et lille barn med Downs syndrom i Schweiz. Da han var helt lille, var Amma den eneste, som han kaldte for 'Mama'. Han brugte aldrig dette ord om den mor, som havde født ham. Nu hvor han er blevet lidt ældre, er han blevet i stand til at gå, og han sidder ofte oppe ved siden af Amma på hendes pitham[3] og mediterer.

---

[3] En *pitham* er et hævet podie, som guruen sidder på.

Når hans far kommer for at hente ham, fordi Amma begynder at give darshan, plejer jeg at spørge barnet: "far eller Amma?" Hver eneste gang vælger han Amma frem for sin egen mor og far og skynder sig hen til hendes darshanstol.

Efter darshan er afsluttet, tager Amma ham ofte med hen på sit værelse i et stykke tid. Hun bærer ham op ad trappen, selvom han er utrolig tung. Jeg forsøger at hjælpe, så hun ikke skal bære så meget, men Amma insisterer altid: "Han er ikke så tung. Han vejer ikke så meget."

Jeg protesterer: "Amma, han er sååå tung!"

Amma er uenig og siger: "Nej, han er ikke tung!"

Det er sådan, Amma oplever det, fordi hendes kærlighed gør, at alt bliver vægtløst og let at bære.

En pige fortalte for nylig, at hun var ked af, at hendes ego var så stort, at hun næsten ikke kunne være i samme stue med det. Hun var bekymret for, at hun aldrig ville opnå det guddommelige, når hun havde så mange fejl. Jeg fortalte hende den enkle sandhed: uanset hvor stort vores ego synes at være, eller hvor svært vores sind er at styre, er Ammas kærlighed større og mere kraftfuld. Der er ingen grund til bekymring: Amma vil tage sig af det. Hendes kærlighed vil gennemtrænge og helbrede, hvad der end trænger til helbredelse.

Når vi betragter Amma, finder vi ud af, at kærlighedens kraft helbreder alle slags sår. Det gælder uanset, hvor dybe de er. Kærlighed er den kraftigste medicin, der findes i verden – og den skal gives i form af et intravenøst drop hen over lang tid. Skønt det kan virke som om, det tager lang tid, kan vi være helt sikre på, at kærlighedens kraft kan tilintetgøre egoet. Det betyder ikke, at Amma altid vil helbrede vores krop eller give os lige præcis det, vi ønsker. Men hvis vi har tillid til hendes nåde, vil vores hjerter åbne sig, og vi vil blive i stand til at finde kærligheden, som ligger inde i os. En Mahatmas kraft er større end kraften i egoet.

Der findes en historie om en hengiven, som blev diagnosticeret med kræft. Ammas nåde og kærlighed hjalp hende til at transformere den angstprovokerende dødsproces til en smuk og befriende erfaring, som var en festligholdelse af livet. Jeg opfordrede hende til at skrive om sine følelser, fordi hun inspirerede mange af os, som bor i Amritapuri (Ammas ashram i Indien).

"At få en dødelig kræftdiagnose har vist mig, at Ammas lære, hendes nærvær og hendes tålmodige, vedvarende kærlighed har givet mig de redskaber, der er nødvendige for at udforske nye områder i den ene og uforanderlige sandhed. Da jeg fik diagnosen, holdt jeg op med at bekymre mig om livet og begyndte i stedet at blive mere nærværende i nuet. Bevidstheden om diagnosen bragte alt det, Amma underviser os i, ind i mit hjerte i stedet for, at det bare var en abstrakt tankeøvelse i hjernen. Nu er der stilhed og fred i mit hjerte, og for første gang oplever jeg mit sande Selv. En af mine venner, der hørte nyheden, sagde: "Det er en stor gave og velsignelse at vide, hvornår du skal dø." Jeg føler helt bestemt, at det passer. Tak Amma, for at hjælpe mig til at udforske min sande natur.

Igennem flere år har jeg følt det, som om jeg havde et stort, mørkt hul af vrede i leveren, så da jeg faktisk så det på CT-scanningen, var jeg i virkeligheden ikke overrasket. Den første uge var jeg utrolig vred. Jeg sagde til mig selv, at livet ikke var så vidunderligt, eftersom jeg i forskellige perioder af mit liv havde været plaget af depression og vrede, som opstod af årsager, jeg ikke forstod. Jeg troede, at mine mange års erfaring som sygeplejerske på et hospice ville hjælpe min hjerne til at kunne acceptere det, der var i vente for mig.

Men efter den første vanskelige uge overgav jeg mig til min diagnose. Derefter havde jeg ingen følelser af vrede, depression eller frygt. Det var det første tegn på nåde, jeg bemærkede, og det er jeg meget taknemmelig over. En anden hengiven huskede mig på følgende: "Nåden er altid til stede og strømmer altid. Du skal blot åbne dig for den." Dybt i hjertet har jeg overgivet mig, og nu accepterer jeg Ammas uendelige, ubetingede kærlighed og alt, der følger med den. Jeg oplever, at denne rejse er spændende og fyldt af glæde."

Kærligheden kan løse alle problemer i verden. Et problem bliver måske ikke lige løst med det samme, og nogle gange tager det årevis. Ammas kærlighed er ikke altid en mirakelkur, selvom den nogle gange kan være det. Helbredelse kræver også en meget stor praktisk indsats fra vores egen side. Det kan være meget udfordrende at overskride det negative og søge kærligheden indeni os selv.

Amma fortæller ofte historien om en lille dreng, der så noget opkast, der lå på gulvet. Han skyndte sig hen for at tørre det op, mens alle andre ignorerede det. Senere den aften blev hun ved med at tænke på ham. Det var så lille en handling, han udførte. Folk skurer og skrubber i timevis hver dag, men tænker Amma på dem, når hun er inde på sit værelse? Måske, måske ikke. Det var drengens uselviske indstilling, som fik Amma til at tænke på ham igen og igen.

En gang prøvede jeg selv noget tilsvarende. En anden kvinde og jeg var sammen ved et Amma-program, da en ung pige pludselig kastede op. Vi skyndte os begge derhen, og jeg sagde: "Jeg skal nok gøre det rent."

Den anden kvinde argumenterede og sagde: "Nej, nej du skal ikke. Det vil jeg gerne gøre."

Jeg insisterede en gang til: "Nej, jeg vil virkelig gerne gøre rent efter det." Så begyndte vi at diskutere, fordi vi begge to gerne ville være den uselviske, som fik chancen for at gøre rent efter opkastningen. Det endte med, at vi deltes om rengøringen og begge to følte os ekstremt stolte over os selv. Mens vi gjorde rent, undrede vi os over, hvor pigens mor var henne. Hun burde have ønsket at gøre rent efter opkastningen! Jeg tvivler på, at Ammas nåde strømmede særlig meget til os ved den lejlighed, men det er sjovt at tænke tilbage på.

Trods alle vores fejltagelser venter Amma tålmodigt på os, fordi hun ved, at ren kærlighed er svaret på alt. Uanset hvad andre tænker og siger om hende, bliver hun ved med at tilgive, elske og være et fuldkomment eksempel, som vi alle kan følge. Selv når andre har forsøgt at såre hende, har Amma altid svaret tilbage ved at tilgive og elske dem.

Amma ved, at der her i verden findes en mangel på kærlighed. Kærligheden er det, vi bliver født for, men det er kun sjældent, at vi erfarer det. Hun ønsker at se mennesker hoppe af glæde på grund af kærligheden, og det er årsagen til, at hun giver så meget af sit liv og sin energi for at hjælpe os til at erfare den kærlighed, vi søger. Ingen ord kan beskrive højdepunktet i den menneskelige eksistens, som er den tilstand, Amma guider os hen til. Det er her, hun dvæler og lever i lyksalighed, og alligevel er hun altid klar til at ofre sig selv og komme ned på vores niveau for at løfte os højere op.

Kapitel 4

Medfølelsens sommerfugl

"Hellighed er ikke kun noget, der hører til en helgen, hellighed er et ansvar, som hver af os bærer. Vi blev skabt for at være hellige."

— *Moder Theresa*

Edward Lorenz var en meteorolog og matematiker, som i mange år forsøgte at formidle essensen af sine videnskabelige hypoteser til andre inden for samme profession. Han antog, at noget så småt som bevægelsen af en sommerfuglevinge kunne skabe en gigantisk storm på den anden side af jorden.

Hans kolleger nærede mistillid til denne enkle teori, men efter mere end tredive år blev den omsider accepteret som en gældende videnskabelig lov.

Nu accepterer hele verden hans teori, der er blevet alment kendt som 'sommerfugleeffekten.' Hvis vi følger dette princip og spreder bare en lille smule godhed og medfølelse omkring os, kan det skabe fænomenale reaktioner i hele verden, som vi måske aldrig havde troet, var mulige.

En morgen, mens vi var på tur i Sydindien og opholdt os i Trivandrum, fandt en stor sort og hvid sommerfugl sin vej til det offentlige program. Jeg så den oppe fra scenen, mens den landede på det ene menneske efter det andet og blev der i et par sekunder. På et menneske landede den på toppen af brillerne, på et andet satte den sig på hovedet. En mand med briller virkede som om, han holdt vejret i glædesfyldt forventning. Det så ud som om, at han i sit stille sind undrede sig over, hvor længe sommerfuglen ville blive siddende. Han følte tydeligvis, at sommerfuglen var en velsignelse og et tegn på held og lykke. Hvert eneste menneske, sommerfuglen landede på, oplevede at dens berøring var berigende og hellig. Alle de mennesker, der var vidne til den lille hændelse, følte sig velsignede, mens de betragtede den.

Medfølelsens sommerfugl

En sommerfugls liv er så kort, men det er også vidunderligt. Med sine små smukke handlinger spreder sommerfuglen så meget glæde overalt. Hvis en lille sommerfugl kan lyse op i vores liv med sine vingers små bevægelser, hvor meget større vil vores egen evne til at sprede glæde så ikke være? Vi behøver ikke at udrette store ting for at skabe denne 'sommerfugleeffekt'. Uanset hvor beskedent det virker, kan hver eneste gode ting, vi gør, få en kolossal virkning på helheden. På samme måde er godheden i Ammas handlinger grænseløs. Hun er hinsides vores forståelse, og den bølgevirkning, hun sætter i bevægelse, rejser hele verden rundt.

Ammas kærlighed og omsorg for os strækker sig til så mange forskellige niveauer. Hun er opmærksom på hver eneste praktiske detalje for at sikre sig, at folk føler sig glade og passet på. Når hun kommer op på scenen ved begyndelsen af et program, ser hun sig altid omkring i mængden for at sikre sig, at alle har det så godt og bekvemt som muligt. Hun beder om, at der bliver sat stole frem, hvis nogen står op, og hun sørger for, at man fjerner de skilte, som gør det svært for folk at se, hvad der foregår under programmet. Alle, som tager en bestemt type medicin eller har andre specielle behov, bliver ført hurtigere op til hende gennem et prioritetssystem. Hun er hele tiden opmærksom på andres behov. Aldrig nogensinde tidligere har man set en offentlig skikkelse, som har været så optaget af at passe på andre og har skænket egne behov så lidt opmærksomhed.

Det smukke budskab, som Amma stilfærdigt forsøger at undervise os i, er, at vi altid skal forsøge at tænke på andre, før vi tænker på os selv. Ammas mindste gestus kan få en stor indflydelse på vores liv, hvis vi formår at aflæse de subtile budskaber, som findes i hver eneste af hendes handlinger.

Amma minder os om, at hvis man smager på noget honning, vil den bevare sin karakteristiske sødme uanset hvor henne i verden, man befinder sig. Den er altid sød. På samme måde er ilden altid varm. Ligeledes er fred og medfølelse universelle egenskaber, som altid vil være, som de er. Alle længes efter at opleve denne sødme og varme. Amma har sagt, at hvis vi ikke lader medfølelse blive en del af alle vores handlinger, vil ordet 'kærlighed' blive reduceret til kun at være et ord i ordbogen. Uden medfølelse vil vi aldrig erfare følelsens sødme.

Ammas budskab og mission er at sprede medfølelse. Hun ved, at det er det, verden virkelig har brug for og hungrer efter, hvis den skal helbredes. Hun vil gerne sprede medfølelsen til alle mennesker. Det gælder uanset hvilket sprog, kultur, nationalitet eller religion, der er tale om. Hun ved, at hvis vi skal helbrede fortidens sår og bevæge os videre ind i fremtiden, er vi nødt til at åbne vores hjerter for kærligheden.

Der findes en historie om en kvinde, som på tragisk vis mistede sit barn og var fuldstændig sønderknust. Ved barnets begravelse var der mange mennesker, som forsøgte at trøste hende, selvom de ikke vidste, hvad de skulle sige. En stor mand gik langsomt hen til den utrøstelige mor, og uden at sige et eneste ord holdt han hende i hånden. En af hans tårer dryppede lige så stille ned på hendes hånd. Hans ordløse indlevelsesevne var et tegn på ægte medfølelse. Den udsprang i dybet af hans hjerte og trøstede hende mere end noget af det, som nogen anden kunne sige eller gøre.

Kærlighed er svaret

Jeg har været sammen med Amma i nogle af de situationer, hvor hun har mødt en sørgende familie. Jeg har overvejet, om jeg skulle forsøge at trøste dem ved at fortælle dem nogle visdomsord, der kunne minde dem om cyklussen af fødsel og død. I stedet for at give den slags råd, holder Amma dem tæt ind til sig og siger: "Shh, det er okay. Græd ikke." Nogle gange er det det eneste, hun har været i stand til at sige til dem. Hun holder om dem og trøster dem, mens de grædende ligger i hendes skød, og hun græder sammen med dem. Hun har aldrig sagt: "Det måtte ske" eller "det var den tid, hvor det var meningen, at de skulle gå bort." Når mennesker oplever så dyb en sorg, vil Amma ganske enkelt tilbyde sin medfølelse. Hun holder om dem, som græder, og tørrer tårerne af deres kinder, mens hun bliver ét med deres sorg.

Da vi for et års tid siden på vores tur rejste gennem Nordindien, stoppede vi undervejs i en lille landsby. Nogle af kvinderne besluttede sig for at gå en tur. De kom forbi et lille hus, hvor de mødte en smuk ung kvinde, der så nedslået ud. De kunne godt tale en lille smule hindi, og derfor gik de hen til hende.

Medfølelsens sommerfugl

Kvinden fortalte sin historie: Hun var blevet gift, da hun var otte år gammel, og gravid, da hun var tretten. Hendes mand var død af druk, så nu var hun i en alder af seksogtyve år i færd med at opdrage sin trettenårige søn på egen hånd. Der var ingen glæde i hendes liv, og de andre kvinder i landsbyen havde det på samme måde. De blev gift væk, mens de stadig var små piger, og de følte sig nedslåede og havde intet at se frem til. Historier som disse er ikke usædvanlige, og især ikke i udviklingslande.

Det er ikke kun fattige mennesker, der lever i hytter, som græder. Amma møder også mange rige mennesker, som bor i store huse, og hvis livsførelse er præget af tomhed. De føler også en stor og intens smerte. Uanset hvor i verden, mennesker befinder sig, higer alle efter blot en lille smule glæde i livet. Amma har vist en ultimativ medfølelse og dedikeret sit liv til at afhjælpe den lidelse, som findes i hele verden.

Kapitel 5

Guds kærlighed i menneskelig form

"Hver gang, du husker sandheden om, hvem du er, bringer du mere lys ind i verden."

– Anonym

At betragte Amma er at se Guds kærlighed udtrykke sig på en håndgribelig måde. Det er ikke muligt at få en fuldkommen forståelse af den guddommelige kraft. Men gennem tiderne har de guddommelige kvaliteter manifesteret sig i meget få gudsrealiserede sjæle. Vi beundrer og tilbeder disse Mahatmaer, fordi deres liv er legemliggørelsen af hellige egenskaber som kærlighed, medfølelse, at give afkald og at tilgive.

Amma har fundet kilden til guddommelig kærlighed, og hun ønsker at dele denne skat med os. Hendes mål er at guide os til tilstanden af den højeste kærlighed. Vi kan studere skrifterne og læse spirituelle bøger for at lære om den højeste sandhed. Men det er kun ved at betragte Amma, at vi kan finde ud af, hvordan man omsætter sandheden til handling.

Amma tænker kun på andre og aldrig på sig selv og sin egen bekvemmelighed. Hun vælger at leve på den måde, og det står i modsætning til, hvordan resten af os er tilbøjelige til at vælge at indrette vores liv.

På turene i Nordindien, som hvert år plejer at ligge i turprogrammet, kører vi fra Sydindien til de nordligste dele af Indien. Det er meget ubekvemt at køre på vejene, hvor der er store huller, og vi bliver alle sammen kastet rundt inde i køretøjet. Vi kalder af den grund autocamperen, vi rejser i, for 'vaskemaskinen'. Når vi kører af sted i den, føles det som om, vi bliver kastet rundt i et vaskeprogram, der er sat til at køre på højeste omdrejninger. Hvis du aldrig har prøvet at være inde i en vaskemaskine, vil du ikke vide, hvordan det er at blive kastet sådan rundt... den er bestemt ikke indstillet til skånevask.

Ammas assistent er altid meget omsorgsfuld, og så snart nogen kommer ind i autocamperen spørger hun: "Kunne du tænke dig et par køresygepiller?" Hun giver pillerne til alle, der ledsager os. Folk kommer altid glædesfyldte ind og forventer sig noget vidunderligt. De er slet ikke klar over, hvad de går ind til.

Når vi går derind, tænker jeg sommetider med undren: "Hvem bliver dagens offer?"

Der er mennesker, som føler sig misundelige og tænker: "Åh, hvor må det være en luksus at rejse i en autocamper." Men sandheden er, at vi med det ene bump efter det andet bliver kastet omkring, som om vi var inde i en vaskemaskine… Tingene er aldrig helt, som de virker til at være. Der er ingen grund til at være misundelig på nogen.

Der er to senge i autocamperen, men Amma bruger aldrig nogen af dem. Hun sørger for, at det er os andre, der ligger på dem i stedet for. Hun insisterer på at lægge sig på gulvet på et meget tyndt underlag. Alle de andre møbler er blevet fjernet, og der er ikke en gang nogen stol, som Amma kan læne sig op af eller sidde på – derfor opholder hun sig på gulvet.

Selv på sit eget værelse i ashrammen tilpasser Amma sig altid alle andres behov. Amma foretrækker at sove på gulvet, men fordi hun deler sit lille soveværelse med sin assistent og tre hunde, er der ikke længere plads til, at hun kan gøre det. For nylig begyndte hun at sove i en seng, så der var mere plads til, at hun kunne strække sig ud. Men selvfølgelig insisterede en af hundene straks på også at sove i sengen.

Han er ikke en lille hund, og han kan godt lide at strække sig, så han fylder næsten en tredjedel af sengen. Når nogen forsøger at skubbe ham væk, knurrer han af dem og nægter at fjerne sig. For at stille ham tilfreds og få ham til at holde sig i ro, begyndte Amma at sove på en meget ubekvem måde med sine fødder og ben dinglende ned fra sengekanten. Men efter et stykke tid gav hun efter for hundens ønske, og nu sover hun med fødderne oven på ham, hvilket han virker til at være yderst tilfreds med. Selv inde i sit eget værelse har Amma knap nok plads til at strække sine ben helt ud. Men alligevel overgiver hun sig roligt til de omstændigheder, hun møder, og hun sikrer sig altid, at der bliver passet godt på alle andre.

Nogle gange bekymrer det mig, at hun giver så meget af sig selv. Jeg har nogle gange plaget

Amma om at holde op med at rejse så meget og holde det ene program efter det andet i månedsvis uden nogen hviledage mellem hvert program. En gang spurgte jeg, om vi kunne springe Nordindiensturen over, fordi den er så hård for hendes krop. Hun svarede: "Nej! De mennesker i landsbyerne er så fattige. De har ikke råd til at rejse herned (til Kerala)."

Så foreslog jeg: "Amma, kan vi ikke sende busser derop for at hente dem og tage dem med til ashrammen?" Det forslag var hun ikke begejstret for, fordi hun syntes, at planen var for dyr, og at det var bedre, hvis hun selv rejste derop og derved sparede udgifterne. På den måde ville der være ekstra penge til overs, som kunne bruges til at hjælpe de trængende. Det er umuligt at overbevise Amma om, at hun skal hvile sig noget mere… Vi har prøvet utallige gange.

I forskellige lande over hele verden er der hengivne, som græder hver eneste dag, fordi de ikke kan være i ashrammen. Amma tænker altid på dem som det første. Hun tænker aldrig på sit eget helbred eller på, hvad der er mest bekvemt for hende. Deres længsel og sorg får Amma til at rejse rundt hele tiden, selvom livet ville være langt lettere, hvis vi bare blev hjemme i ashrammen. Vi lever i en verden, hvor de fleste mennesker kun tænker på at gøre det, der er bedst for dem selv, og som altid spørger: "Hvad er det bedste for mig?" Amma lever på en fuldstændig anderledes måde, og hun tænker altid på andre først.

Amma minder os om, at vi skal fokusere på, hvad vi kan give i stedet for altid at tænke på, hvad vi selv ønsker at modtage. Hvorfor ikke gøre gode ting, mens vi kan, og mens vi stadig har styrken til at gøre det? Når først vores egne behov er blevet mødt, er det vigtigt at være hensynsfuld og give noget af det, vi er i stand til, tilbage til verden. Ingen beder om særlig meget fra vores side. Det forventes ikke, at vi fuldstændig følger i Ammas fodspor. Intet normalt menneske vil i virkeligheden være i stand til det, men hvis vi kan glemme os selv bare en lille smule og afsætte noget tid til at tjene verden, vil vi helt bestemt opleve en større glæde.

Når som helst Amma har vejledt de hengivne, der arbejder med at bygge huse til de fattige, har hun altid rådet dem til at bruge deres fritid på at gå ud og besøge folk i landsbyerne. Ved at lytte til folk kan de få en forståelse for deres problemer. Hun kender ængstelsen, som mennesker i dårlige kår oplever, fordi de igennem årtier har åbnet deres hjerter og fortalt Amma om deres vanskeligheder. Mange af de unge mennesker, som bor i ashrammen og hjælper med det frivillige arbejde, har i modsætning til Amma ikke virkelig forstået de vanskeligheder, som de mindre privilegerede mennesker oplever. Amma ved, at hvis man skal løse problemerne, er det første skridt, at man bliver opmærksom på dem.

Der findes meget fattigdom og lidelse her i verden. Det er vores ansvar at gøre, hvad vi kan for at hjælpe dem, der er nødstedte, og det er grunden til, at Amma har skabt et omfangsrigt netværk af godgørende projekter over hele verden. Hun møder de behov, som trængende mennesker har overalt på kloden. Vores problemer og sorger er den drivkraft, som inspirerer Amma til at ofre sit liv i tjeneste til verden.

Vi skulle tillade vores hjerter at smelte og tænke på andre med medfølelse i stedet for altid at tænke på, hvad vi selv kan opnå og få ud af vores forhold til andre. Amma er et smukt eksempel, og hun giver maksimalt af sig selv hvert eneste øjeblik. Ved selv at være et eksempel forsøger hun at inspirere os til at finde selv den mindste dråbe medfølelse indeni os og lade den strømme ud til andre.

Kapitel 6

Frisk som en forårsblomst

"Må den skønhed, du elsker, være det, du gør."

– *Rumi*

Amma fortæller, at Amritapuri-ashrammen er som et hospital. Folk kommer til stedet i manglen på K -vitamin (kærlighedsvitaminet), og de har behov for intensiv hjælp. Amma er den ultimative læge: Hun kan se lige gennem os og dybt ind i vores sjæl. Hun ser gennem alle de overfladiske lag i vores tilværelse. De fleste mennesker ser kun det ydre, men Amma går dybere end nogen anden og ser lige gennem os og ind i selve kernen. Hun har en ubegrænset mængde K-vitamin, som hun deler ud af til alle, som har brug for det. Vi er så heldige, fordi vi har muligheden for at være i nærheden af hende og være vidne til den strøm af kærlighed og empati.

Nogle gange tænker jeg på den smerte, Amma har i kroppen, når hun har givet darshan i mange timer. Der var en gang, hvor hun knap nok var i stand til at bøje halsen eller bevæge kroppen, uden at det gjorde ondt. Ved de lejligheder undrede det mig, at hun overhovedet var i stand til at omfavne fem mennesker. For slet ikke at tale om et program, hvor der deltog 20.000 mennesker! Amma tænker aldrig på den måde. Hun ved, at hun har evnen til at trække sig selv tilbage fra forbindelsen til sindet og kroppen. Hun er altid i stand til at finde styrken til at gøre hvad som helst, der er behov for at gøre, for at kunne tjene andre.

På et tidspunkt ledte Amma et offentligt program, mens hun havde mange smerter. Selv helt små bevægelser gjorde ondt på hende, så jeg kunne ikke forestille mig, hvordan hun ville kunne klare hele den lange nat. Der var en meget stor mængde mennesker, som alle ventede på at få darshan. Da Amma gik op på scenen, ønskede hun at bøje sig og lægge sig ærbødigt foran alle folk, ligesom hun plejer at gøre, før programmet starter. Men fordi smerten i nakken var så stærk, var hun ikke i stand til at gennemføre den bevægelse. Amma kunne slet ikke bøje sin hals. Da hun alligevel forsøgte at gøre det, insisterede jeg: "Nej Amma! Det behøver du ikke gøre! Du kan bare samle hænderne i en pranam (respektfuld hilsen)."

Jeg følte mig som lidt af en idiot, mens jeg sagde det til hende, og hun samtidig stod foran alle andre (disciplen, der fortæller, hvad guruen skal gøre!) Det er sikkert alt sammen optaget på film, hvor jeg holder i Ammas arm og forsøger at afholde hende fra at lægge sig ærbødigt foran alle deltagerne.

Amma ignorerede mig ganske enkelt og bøjede sig ned og lagde sig foran alle, ligesom hun plejer at gøre. Ingen, der så hende gøre det, ville have troet, at der var nogen form for smerte i hendes krop. Hun gjorde bare sin pligt og glemte sig selv og sit helbred.

Når Amma holder programmer i vesten, fortsætter de til langt ud på natten, og jeg ved, at hun må føle en intens smerte i kroppen. Når der er to programmer om dagen, kan darshan begynde kl. 10 om morgenen og fortsætte indtil fire om eftermiddagen. Nogle gange bliver det senere, for det er afhængigt af menneskemængden. Så snurrer det i Ammas hoved, fordi hun hverken har fået noget at spise eller drikke. Folk, der kigger på, vil aldrig komme til at forstå hendes situation. Årsagen er, at Amma ikke ønsker at såre nogen ved at vise, hvordan hun virkelig har det i kroppen.

Aftenprogrammet begynder to timer senere og fortsætter til langt ud på natten, hvor Amma ofte giver darshan helt til kl. fire eller fem om morgenen. Hun bliver siddende, indtil hver eneste, som ønsker at modtage hendes omfavnelse, har haft mulighed for det. Så holder hun en kort pause i de tidlige morgentimer, inden hun igen går i gang med darshan omkring kl. 10. Når man er sammen med Amma, bliver dagen til nat og natten til dag, og programmerne glider ind i hinanden. Hun tænker aldrig på den anstrengelse, som hun konstant gennemlever for alle omring sig. Hun tænker kun på alle de vanskeligheder, folk har haft, fordi de har ventet så længe på at se hende.

Når folk fra landsbyen kommer til hendes ashram i Indien og menneskemængden ikke er

Frisk som en forårsblomst

alt for stor, giver Amma ofte meget lange darshans til landsbyboerne. En gang kom Amma tilbage til sit værelse, efter at hun var blevet færdig med en lang dag. Der indrømmede hun, at hun havde ondt i kroppen. Da jeg spurgte hende, hvorfor hun havde givet så lang en darshan til alle, der var kommet, fortalte Amma, at priserne på busbilletterne var steget gevaldigt. Hun ved, hvor meget fattige mennesker må ofre for at komme til hende. Der er landsbyboere, som har så få penge til rådighed, at de er nødt til at låne tøj fra naboerne for at være ordentligt klædt på, når de kommer til ashrammen. Amma sagde: "Jeg bliver bare nødt til at give noget til dem. Jeg bliver nødt til at tale med dem, fordi de forstår det samme sprog, og de har ofret så meget for at komme og møde mig."

Selv de gange, hvor Amma er blevet syg og har haft maveproblemer eller kvalme, har hun aldrig af den grund aflyst et eneste program nogen steder i verden. Hvis hun er tvunget til at kaste op, går hun ind i et tilstødende rum. Bagefter skyller hun munden og kommer tilbage og giver darshan igen. Ingen er klar over, at hun lider. Der var en gang, hvor Ammas mavemuskler var blevet meget smertefuldt presset sammen, fordi hun havde siddet i meget lang tid uden at bevæge sig. Hun havde brug for at få et støttekorset på, men hvad gjorde hun? Hun gav med det samme sit støttekorset til en fattig mand, der kom til darshan og havde brug for et.

Senere på natten eller rettere, når natten er ved at være omme, og de tidlige morgentimer er begyndt, kan man ofte se, at Amma indimellem bevæger sig ind i et andet bevidsthedsniveau. Hun hæver sindet over den udmattede tilstand i kroppen, griner, fniser og gør alting meget langsomt, mens hun omfavner hver person i længere tid end den foregående. Hun skynder sig aldrig i slutningen af et program. Hun forsøger aldrig at gøre ting så hurtigt færdigt som muligt for at gå hen og hvile sig, ligesom alle vi andre ville gøre, hvis vi befandt os i samme situation.

Efter at Amma havde givet darshan i fjorten timer i træk en af dagene på hendes tur i Sydindien, forventede jeg, at hun ville være plaget af forfærdelige smerter i kroppen sidst på natten. Men hun hverken spiste eller hvilede sig, da hun kom tilbage til sit værelse. I stedet talte hun med folk i halvanden time. Der var nogen,

Frisk som en forårsblomst

der tilbød hende vandet fra en kokosnød, som hun tog imod, men ikke drak noget af. Hun stod og holdt det store fulde glas i omkring tyve minutter, indtil jeg til sidst tog det, fordi jeg alt for sent kom til at tænke på, at det måtte være meget tungt at holde. Hun tog imod glasset, fordi det ganske enkelt er det, hun er vant til at gøre. Hun accepterer alt og ønsker aldrig at afvise noget eller nogen.

Jeg kunne kun forestille mig, hvor træt hun måtte være i kroppen, og hvor stor en smerte, hun måtte føle, efter at have siddet hele dagen og natten uden at bevæge sig. Efter at have givet darshan i så mange timer, måtte hun være belastet af en stor træthed og opleve en intens muskelsmerte, især i armene. Men til min store forbløffelse fægtede hun entusiastisk med armene, mens hun talte. Mens vi andre allerede var begyndt at se visne ud, var Amma frisk som en forårsblomst. Sådan strømmer Ammas liv. Kærligheden understøtter hendes handlinger og tillader hende at gøre det umulige.

Hvis Ammas krop var en statue, ville den for længst være rustet op og blevet til støv. Hvor mange mennesker lægger ikke hænderne på

Ammas ben, træder på hendes fødder, holder fast om hendes nakke eller råber hende ind i øret? Men Amma siger, at hun takket være den guddommelige nåde er i stand til at fortsætte med at give darshan. Amma oplever smerten i sin egen krop, fordi vores smerte på den måde kan blive mindre. En så ubegribelig kærlighed har en Satguru (sand lærer) for verden. Det er dette princip, som de kristne tror på, når de siger, at Jesu lidelse var på grund af vores synder.

En hengiven spurgte på et tidspunkt Amma, om hun virkelig oplevede lidelse i kroppen eller ej. Denne person forestillede sig, at hendes krop helt sikkert måtte lide på grund af alt det, Amma gennemgår, men samtidig var hun forvirret, fordi Amma altid så ud som om, hun var så glad. Amma svarede: "På det menneskelige niveau lider kroppen, men på mit niveau lider den aldrig! Min kære, du skal ikke bekymre dig."

Når man først har givet en gave, skal man aldrig tage den tilbage – Amma insisterer: "Jeg gav mig selv som en offergave til verden. Jeg vil ikke tage noget tilbage for at tænke på mig selv." Amma viser os vejen. Med sit eget liv som eksempel lærer hun os, hvordan vi kan ofre os for andre. Hun stræber altid så hårdt efter at give det maksimale i alle sine handlinger. Når vi har kærlighed i vores hjerte, vil vores stræben efter noget godt blive uanstrengt og kraftfuld. Lad os alle bede om, at vi må blive i stand til at tilegne os noget godt fra hende og give noget af det tilbage til samfundet, uanset hvor lidt det end måtte være.

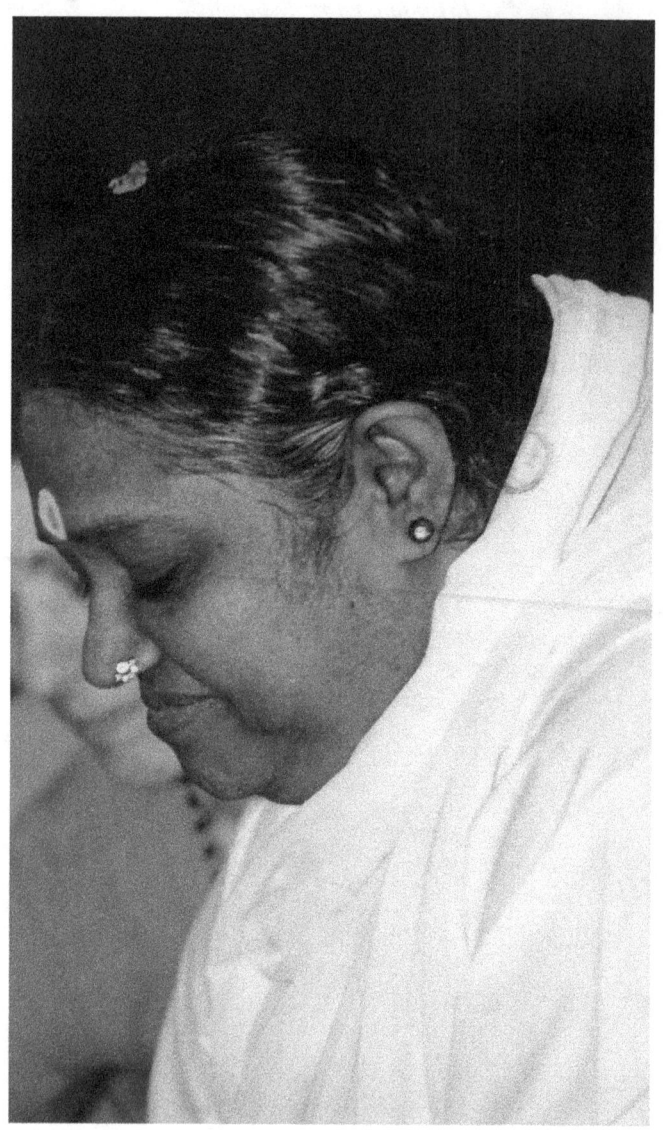

Kapitel 7

Den højeste sadhana

"Lige fra det øjeblik vi fødes, modtager vi vores forældres omsorg og godhed, og senere i livet, når vi rammes af sygdom og bliver gamle, er vi igen afhængige af andres godhed. Når vi både i begyndelsen og slutningen af vores liv er så afhængige af andres godhed, hvordan kan det så være, at vi i midten afviser godheden overfor hinanden?"

– *Tenzin Gyatso, den fjortende Dalai Lama*

At elske og tjene andre er den højeste sadhana (spirituelle praksis), som vi nogensinde kan udføre, men hvor mange af os er virkelig villige til at elske alle og hele tiden tjene dem, ligesom Amma gør? Hvis vi virkelig var i stand til at elske og tjene uden betingelser, ville vi ikke behøve at gøre andet for at opnå spirituelle højder. Men det inkluderer at elske alle, og ikke bare de få mennesker, som vi har det godt med, eller føler os tiltrukket af.

Det indebærer at elske det menneske, som snyder sig foran dig i køen, mens du venter på at få din mad serveret. Eller det menneske, som maser sig op ad dig, mens du lytter til en bhajan (hengiven sang) og allerede føler, at du ikke helt har nok plads. Eller den, som næsten skubber dig omkuld eller stiller sig hen foran dig, lige når Amma er ved at ankomme. Hvis du kan elske dem i det øjeblik, behøver du ikke gøre særlig mange andre typer sadhana.

Det er ekstremt vanskeligt hele tiden at se det bedste i alle. Det er den højeste indstilling til andre mennesker, vi kan have, men det er meget udfordrende at komme dertil. For at starte med at bevæge os i den retning, skal vi træne vores sind i at gøre gode ting. Meditation, puja, hengiven sang, mantra japa, bønner for verdensfred og karmayoga (uselviske handlinger) er forskellige måder, hvorpå vi kan udvikle koncentration, medfølelse og empati.

I dag findes der alle mulige slags neuro-videnskabelige studier og forskning, der viser, hvordan gode handlinger og endda bare gode

Den højeste sadhana

intentioner har en utrolig godgørende virkning på vores helbred og trivsel. Undersøgelser viser, at sindet kan genoptrænes til at indlære positive værdier, selvom man ikke lærte dem som barn. Når vi begynder at omsætte de positive værdier i praksis, begynder vi at opleve en dyb følelse af glæde og trivsel. Der skabes en god cirkel, hvor glæden vokser, fordi vi får lyst til at gøre flere gode handlinger, hver gang vi gør noget godt for andre.

Ammas indflydelse på børn er særlig smuk, fordi børn er meget dybt påvirkede af den atmosfære, de er omgivet af. Der var et sødt eksempel, hvor nogle børn havde samlet sig omkring Amma. De spurgte hinanden, hvor mange is, de havde behov for at spise hver uge og besluttede sig for, at to virkelig var nok. De ville glæde sig til at bruge de penge, de sparede på ikke at købe ekstra is, til at købe noget til handicappede børn i stedet for. Ved at være i nærheden af Amma bliver vi inspireret til at give noget til andre, og det er det virkelige mål med al spirituel praksis.

Nogle gange kommer børn i ashrammen hen og siger til mig: "Se hvor mange mantraer, jeg har gentaget!" En lille dreng gjorde det for nylig og sagde "Se!" mens han skubbede sin digitale mantratæller op under min næse. Antallet var 8.888, og det gjorde stort indtryk på mig.

Jeg spurgte ham: "Sagde du dit mantra ved hvert tal?"

"Ja!" svarede den lille seksårige uskyldigt.

Den hengivenhed, som børn lærer ved at være i nærheden af Amma, er en smuk ting, og den er af stor vigtighed i dagens verden. Hengivenheden fører til, at man helt fra barndommen nærer et ønske om at tjene samfundet og vise kærlig omsorg for menneskeheden og Moder Natur. I barndommen er man særlig modtagelig for at opleve de følelser. Denne indstilling, hvor børn ønsker at tjene, skal næres, hvis fremtidige generationer skal overleve.

Nogle mennesker kan føle, at de ikke har tid til at tjene andre, fordi deres liv er fyldt af arbejde og familieliv. Hvordan kan de presse uselvisk samfundstjeneste ind, hvis de ikke har nogen tid til overs? Amma kommer med et eksempel, hvor vi skal forestille os, at vi allerede har tre børn, og at tiden til at tjene andre uselvisk er det fjerde barn. Vi ville være i stand til at tage os af alle vores børn, uanset hvor mange der var.

Den højeste sadhana

På samme måde skal vi også finde tiden til at presse lidt uselvisk tjeneste ind i vores travle liv.

Måske tror vi, at vores seva ikke tæller i virkeligheden, at den ikke er så vigtig, eller at der er andre mennesker, som kan gøre den. Men i virkeligheden er det uselviske arbejde vores mest værdifulde redskab. Seva vil føre os til et punkt, hvor vi ikke kun tænker på os selv og det, vi selv ønsker. Når seva bliver udført med den rette indstilling og Ammas nåde, kan det føre til det endelige mål.

På et tidspunkt var der en mand, som indigneret fortalte mig, hvor trist han var over at lave sin seva: "Jeg kom her til Ammas ashram for at gøre spirituelle fremskridt og virke til gavn for menneskehedens bedste. Men nu bliver jeg bedt om at lave meget almindelige ting såsom at vaske op og arbejde på genbrugsstationen. Tidligere har jeg i mit arbejdsliv altid været meget kreativ. Jeg føler mig dårligt behandlet nu, hvor jeg skal lave om på mit daglige skema for sadhana og udføre opgaver, som jeg slet ikke bryder mig om."

Jeg fortalte ham, at hvis han var så dygtig til at gøre de ting, han gjorde ude i verden, så var det måske den guddommelige plan for ham at lære ydmyghed ved at udføre andre opgaver. Alt, hvad der sker i vores liv, finder sted lige præcis, når vi har brug for det. Der er ingen fejl i måden, vores livscyklus udfolder sig på. Heller ikke selvom den viser sig ved, at en ansvarlig for sevaen i ashrammen kommer og beder dig om at gøre et bestemt stykke arbejde, selvom du hellere ville lave andre typer sadhana (eller noget endnu sjovere).

Når vi sætter os ned for at meditere, er selv de tanker, der dukker op i sindet, former for handlinger – når vi mediterer, er vi stadig i gang med at handle. Hvorfor prøver vi ikke desuden at lade nogle af vores handlinger være uselviske og velsigne os med nåde?

Hver gang, der er brug for det, kan vi prøve at ændre vores indstilling, så vi er klar til at gøre, hvad vi kan for at hjælpe andre og glæde os ved det. Amma har ikke brug for, at der sidder flere mennesker ved siden af hende og rækker hende et håndklæde, som hun skal tørre ansigtet i. Det arbejde bliver allerede udført. Men der er alle mulige andre opgaver, som trænger til at blive løst. Hvis det arbejde ikke bliver gjort, er

Amma for det meste den første, som kommer hen og gør det, der er brug for. Hun arbejder altid hårdt, giver uselvisk og forsøger at inspirere os til at gøre det samme.

En aften, efter vi havde sunget bhajans, fortalte Amma mig, hvor stor en smerte hun følte. Hun blev ved med at fortælle, at hun slet ikke havde det godt. Jeg var så ked af det på hendes vegne, men der var intet, jeg kunne gøre for at hjælpe hende. Efter vores samtale gik jeg nedenunder til mit værelse for at lave seva. Pludselig hørte jeg alle skynde sig af sted, mens der blev råbt: "Murstensseva".

Jeg tænkte ved mig selv: "Amma vil selvfølgelig ikke komme med ud og være med. Hun har det ikke godt. Men i næste øjeblik fik jeg øje på Amma, som stod udenfor og muntert bar på nogle mursten (flere mursten end nogen anden faktisk!). Nogle gange er hun som et barn, som kan blive distraheret og let omstiller sig til det, hun allerbedst kan lide: at tjene.

I Canada er der en lille fireårig dreng, som elsker at lave seva: En dag havde han et voksenforklæde på (som rørte jorden), da Amma kom gående forbi ham. Han gjorde pranam til hende, og Amma vendte sig mod ham og sagde: "Seva, seva, seva!" Hun var så glad for at se, at han havde lavet seva, at hun kyssede ham. Han så meget kær ud i sit kæmpe forklæde.

Amma taler ofte om de børn, som elsker at tjene. Hun er stolt og altid utrolig glad, når hun ser dem arbejde hårdt med den rette indstilling og gøre noget praktisk for at hjælpe andre. Seva giver børn muligheden for at lære færdigheder, de kan bruge i fremtiden, mens de udvikler kærlighed og medfølelse i hjertet. Når vi finder glæden ved at gøre gode ting, vil vi finde virkelig glæde indeni. Seva er en af de største gaver.

Spiritualitet er praktisk orienteret. Når Amma fornemmer, at der er behov for hjælp et eller andet sted, er hun altid klar til at opfylde det. Det er virkelig, hvad det handler om: At have øje for de behov, der findes, og fordybe sig i de ting, der skal gøres, mens man føler kærlighed i sit hjerte. Vi er så heldige, at vi har muligheden for at tjene. Men det er op til os selv, om vi vil anse det for at være en velsignelse. Hvis du opdager, at du tænker: "Jeg ønsker ikke at gøre det her", bliver du på en eller anden måde nødt til at overbevise dit sind om, at det skal forandre den indstilling. Hvis du er i stand til at forandre denne indstilling, vil du blive i stand til at nyde hvad som helst, det skal være. Ingen kan tvinge dig til at nyde at tjene andre. Det må opstå som en spirende oplevelse inde i dit eget hjerte.

Utallige søgende har læst bøger om spiritualitet og forskellige filosofiske skoler. Men det er kun få af dem, der er klar til at gøre de ting, der er behov for at gøre. Hvor mange mennesker er klar til at gå til yderligheder, når det gælder om at udvikle ydmyghed og tjene andre? I virkeligheden findes der ikke mange – men hvad kan være større end at gøre det?

Hvis du har en uskyldig indstilling, hvor du dedikerer alt, hvad du gør, til det guddommelige og tjener på den måde, du kan, så vil nåden helt sikkert strømme til dig, uanset hvor i verden du befinder dig. En af de største glæder, jeg har oplevet i mit liv, er at rejse med det storslåede fartøj, som uselvisk tjeneste er. Kærlighed er selve formålet med livet, og uselvisk tjeneste er en smuk kanal, som kærligheden strømmer igennem.

Kapitel 8

Hemmeligheden bag glæde

"Hvis du hjælper de trængende, vil selviskheden forsvinde, og uden at lægge mærke til det vil du selv opleve tilfredshed."

– Amma

Når vi giver til andre, har vi altid en usædvanlig god følelse indeni. Frivillige, der arbejder for godgørende organisationer og donerer deres tid til et filantropisk formål, kender til glæden ved, at sindet udvider sig og bliver mere rummeligt. Man siger, at penge ikke kan købe glæde. Derimod er det bevist, at når du stræber efter at give med en generøs indstilling, vil du blive i stand til at få fat i den glæde, som alle søger efter. Når vi formår at glemme vores egne ønsker og strække os for at hjælpe andre, vil vi opleve en meget høj grad af tilfredshed i livet. Essensen er, at jo mere folk giver, des mere glæde oplever de.

En ung kvinde var med til en stor familiefest, hvor hun fortalte alle, at hun havde det smukkeste hjerte. Alle stimlede sammen om hende og beundrede det fuldkomne, runde, glatte og glødende hjerte. Hun var så stolt, at hun pralede af det.

Pludselig trængte en ældre kvindes rå og kraftige stemme igennem snakken, mens hun eftertrykkeligt understregede, at hendes hjerte var meget smukkere. Alle gæsterne grinede, da de så den gamle kvindes hjerte. Det var ramponeret og fyldt med lapper og åbne sår. Nogle stykker af hendes hjerte var blevet skåret af, så der kun var huller tilbage. Nogle steder, var der klistret andre stykker på, som skulle passe ind i hullerne. Den unge kvinde grinede og sagde: "Hvordan kan du sammenligne dit gamle, forrevne og deforme hjerte med mit perfekte hjerte?"

Den gamle kvinde svarede: "Jeg er helt enig med dig i, at dit hjerte er perfekt. Men det er ikke smukt. Hvert ar i mit hjerte repræsenterer et menneske, jeg har givet mit hjerte til. Nogle af dem gav også mig et stykke af deres hjerte, men ikke dem alle. Derfor er der indimellem steder, hvor stykkerne ikke helt passer sammen. Men de minder mig om den kærlighed og de smukke minder, som vi deler, og derfor skatter jeg dem højt. De åbne sår er smertefulde og skyldes, at der var nogle mennesker, som aldrig gav deres hjerte tilbage. Men jeg venter på det og håber, at de en dag vil forstå værdien af at give kærlighed."

Den unge pige græd og gik hen til den gamle kvinde. Hun skar et stykke af sit perfekte hjerte og fyldte et hul i den gamle kvindes hjerte. Hun så ned på sit eget hjerte, som ikke længere var så 'perfekt', men langt smukkere.

Nogle gange møder vi heltemodige mennesker, som på et dybt niveau kan inspirere os. Læreren i en klasse med fjortenårige drenge blev meget bevæget af de problemer, som en af hendes elever havde. Han var ved at dø på grund af en manglende nyretransplantation. Denne kvinde fortalte drengens familie, at hun ville give ham en af sine nyrer, hvis det viste sig, at den ville udgøre et godt match til hans krop. Det viste sig at være tilfældet, og hun gjorde det.

Kærlighed er svaret

I Philadelphia var der for nogle år siden ved juletid et ægtepar, som gik ind i en restaurant, nød deres morgenmåltid og bagefter gjorde noget, der var meget usædvanligt. De betalte det dobbelte af regningen og insisterede på, at de ville betale regningen for de kunder, der sad ved siden af dem, selvom de var fuldkommen fremmede. De ønskede ikke nogen ros eller anerkendelse, så de efterlod ikke deres navne. De ønskede bare at gøre noget godt. De fortalte tjeneren, at hun bare skulle ønske disse mennesker en god jul.

Den gode handling standsede ikke her. De gæster, som modtog denne venlige hilsen, blev inspirerede til at give den videre. De betalte for andres måltider og efterlod drikkepenge til alle tjenerne. Hver eneste gæst i restauranten var forbløffet over at modtage et gratis måltid mad og insisterede på at give velsignelsen videre. Det fortsatte i timevis inde i restauranten, hvor der var sat en dominoeffekt i gang.

De tjenere, der arbejdede i restauranten den dag, havde aldrig oplevet noget lignende i alle de år, de havde arbejdet der. Tårerne stod i deres øjne, da de tænkte over den smukke kæde

Hemmeligheden bag glæde

af generøse handlinger, de havde været vidne til hen over fem timer. Den dominoeffekt, vi skaber ved at være uselviske eksempler og gøre gode ting, kan bevæge sig videre og videre som en bølge, der spreder sig i en sø.

Ensomheden opstår, når vi kun tænker på os selv. Hvis vi er for stærkt knyttede til det, vi selv ønsker, vil vi altid føle en tomhed indeni – selvom vores lommer er fulde. Et hus, der er fyldt med utallige skatte, kan ikke tilfredsstille hjertet. Antallet af vores ejendele kan øges, saldoen på bankkontoen kan stige, men når vi blindt følger selviske ønsker, vil der opstå endnu flere ønsker i sindet. Vi kan opnå alt, hvad vi ønsker her i verden. Men hvis vi kun lytter til den selviske side af os selv, vil vi opleve, at glæden svinder ind. Vi vil altid opleve, at der er noget, vi mangler. Indtil den dag vi lærer at give, vil vores ønsker aldrig forsvinde.

Folk spørger ofte sig selv: "Hvad vil jeg opnå i dette liv?" Men det er ikke den indstilling, som Amma opfordrer os til at have. I stedet inspirerer hun os til at skabe noget fantastisk ved at finde vores talenter og bruge dem til at tjene. At hjælpe andre giver den ultimative glæde og fuldender meningen og formålet med vores liv. Det er, hvad livet dybest set handler om.

Ønsker trækker os væk fra den sande glæde. Når vi opfylder vores ønsker, får det dem ikke til at gå væk. Tværtimod vil de formere sig til det dobbelte. Og de vil med sikkerhed vende tilbage. For eksempel kan man se, at mange mennesker går højt op i den nyeste teknologi. Lige når man får en ny og opdateret mobiltelefon, er man utrolig glad for den. Men seks måneder senere kommer der en ny model. Den er tyndere, lettere, har flere pixels, flere apps, flere spil... og så begærer vi den i stedet for. Vi tænker: "Den her gamle mobiltelefon gør mig ikke længere glad på samme måde, som da jeg lige havde købt den. Jeg ved, at jeg vil blive mere glad for en ny telefon." Problemet er, at vi ikke kan stille sindet tilfreds, og at de tanker og ønsker, der opstår, aldrig hører op.

Hvis vi kan forenkle vores behov, vil vi være glade, selvom vi har færre ting. Det er godt, hvis vi beder om hjælp til at overvinde vores ønsker. Det er vanskeligt at overvinde vores ønsker, fordi sindet altid er i bevægelse. Det er årsagen til, at vi chanter vores mantra og lever et

Hemmeligheden bag glæde

afbalanceret liv, som også indeholder meditation og andre former for spirituel praksis. Når vi udfører spirituel praksis, mindskes vores ønsker, og vi finder indre fred.

Der findes så mange mennesker i verden, som tager noget fra andre. Men det er langt bedre at give – kun sådan finder vi den virkelige glæde. Nåde opstår, når gode handlinger gøres med en uselvisk indstilling. Hvis vi forsøger at gøre noget godt med en uselvisk indstilling, vil vi opleve den guddommelige nåde, uanset hvor i verden vi befinder os.

Du skal glemme dig selv ved at tjene uselvisk. Når vi ikke fokuserer på vores egen befrielse, men i stedet dedikerer os til at tjene andre, vil den guddommelige nåde komme og skylle ind over os som en flod. Som belønning vil vi modtage den renselse, som forandrer vores liv, og til sidst vil nåden føre os til det ultimative mål.

Kapitel 9

Elsk Amma i alle

*"Gud plus sindet er mennesket.
Mennesket minus sindet er Gud."*

– *Anonym*

Når nogen bliver gift, siger de til hinanden: "Jeg elsker dig. Jeg elsker dig. Jeg lover at blive sammen med dig, indtil døden skiller os". Når tingene bliver svære, glemmer de deres løfter. Så dyb er vores kærlighed til hinanden i denne tid. Men når kærligheden bliver det rodfæstede fundament i vores liv, vil det skabe skønne duftende blomster. Vi vil blive som blomstrende jasminplanter, der spreder en udsøgt duft i verden. Alle, vi møder, har mulighed for at nyde skønheden af denne kærlighedsblomst.

Alle de steder, hvor Amma rejser hen, er der folk, der forsøger at røre ved hendes hånd, mens de siger: "Jeg elsker dig, jeg elsker dig, jeg elsker dig, Amma." Hvis du virkelig elsker Amma, skal du ikke bare sige det, men du skal omsætte dine ord til praksis. Kærligheden skal være et verbum og ikke bare et ord, vi bruger for meget uden at tænke os om. Når du omsætter kærligheden til handlinger, vil du få en vedvarende erfaring af den transformerende kraft, som findes i den. Uden handling er kærligheden som en frugt, der er lavet af voks og ser smuk ud, men ikke kan give nogen næring – ordet bliver bare til en tom, dekorativ skal.

Når vi gør noget af kærlighed, vil vi blive løftet højere og højere ud af lidelsen og nå hen til et mere fredfyldt sted, hvor nåden folder sig ud. I stedet for kun at se én enkelt dimension af Amma, vil hendes sande essens blive afsløret for os, og det storslåede i kærligheden vil vise sig.

En hengiven fortæller en historie:

> "Jeg gik engang til darshan hos Amma. I hjertet følte jeg en umådelig stor længsel efter at være i nærheden af Amma. Jeg skrev en besked til hende: "Amma, hvordan kan jeg nærme mig dig?" Amma så mig dybt ind i øjnene.

Hun kiggede på mig og holdt om mig i lang tid. Da jeg satte mig ned, efter at jeg havde modtaget darshan, lukkede jeg mine øjne, og det eneste jeg så, var Amma overalt. Jeg så Amma i en mor, der elskede sit barn, i det menneske, der hjalp en tigger, i venner, der støttede hinanden, når de var i nød. Uanset hvor kærligheden er, findes Amma der. Jeg ønskede ikke at åbne mine øjne, fordi jeg var bange for, at jeg ville blive distraheret af hendes fysiske form. Jeg indså, at hun er noget langt større end sin krop. Det føltes som om, at oplevelsen varede evigt... Hun viste mig, hvor hun var i hvert af mine mørkeste øjeblikke, og afslørede, hvordan hun har støttet og holdt om mig gennem hele mit liv. Jeg fik at se, hvordan Amma er kærlighed overalt, i alt. Nu ved jeg, at hver gang jeg modtager kærlighed fra nogen – så er det Amma, der elsker mig. Amma er kærlighed i sin reneste form. Hvis jeg ønsker at mærke Amma, skal jeg selv blive til den kærlighed. Det er det eneste, jeg behøver at gøre. Jeg ønsker at blive en kærlig handling."

Amma har ikke brug for noget fra vores side, men hun vil være oprigtigt glad for, at vi virkelig omsætter hendes lære i praksis. Vi ønsker altid at gøre hende glad, men hvordan kan vi bære os ad med det? Vi skal gøre noget, som er vigtigt: Vi skal elske andre mennesker, som vi elsker Amma.

Det er så let at elske Amma. Det er slet ikke svært, fordi hun er så uimodståelig. Hendes hengivne oplever, at hun er det smukkeste væsen på jorden, den mest fortryllende, mest morsomme og på alle områder den mest uselvisk tjenende. Amma vinder altid førstepladsen. Det overrasker mig ikke, at folk fortæller, at de elsker hende højt, for Amma besidder en ægte storhed. Alle, som er i besiddelse af blot den mindste smule sunde fornuft, er i stand til at genkende hendes storhed. I stedet for kun at elske Ammas fysiske form, skal vi forsøge at omsætte kærligheden til praksis. Det gør vi ved at se og elske alle som Amma. Det vil være langt større (og langt mere udfordrende!).

Elsk Amma i alle

I bibelen siger Jesus: "Elsk hinanden, som jeg har elsket jer." Essensen i alle religioner handler om præcis den samme ting: Gud er kærlighed. Det er vores pligt at stræbe efter også at blive kærlighed. Amma ønsker, at vi skal elske hinanden, som hun elsker os.

Ammas praktiske måde at bevæge sig rundt i verden handler om, at hun er det ultimative levende eksempel for os alle sammen. Gennem alt det, hun er nødt til at håndtere, og gennem alle de store problemer, der opstår, når man tjener millioner af mennesker, er hun stadig i stand til at elske alle. Det er fordi, hun ser sig selv i os alle sammen. Hun erkender sandheden, som er, at verden ganske enkelt er en manifestation af det guddommelige. Hun ser alle som en refleksion af sig selv i et spejl. Mens vi måske anser det for at være sandt og kan forstå det på et intellektuelt niveau, *lever* Amma faktisk med erfaringen af det.

Hun minder os ofte om dette: "Ifølge den hinduistiske filosofi findes der ingen forskel på skabelsen og skaberen; de er én og samme. Ligesom der ikke er nogen forskel på guldet og guldsmykkerne." Amma siger, at Vedanta er den højeste sandhed: alt er Gud. Det er den ultimative forståelse. Men det er primært gennem *bhakti* (hengivenhed), at vi kan blive bedre mennesker ved at udvikle gode kvaliteter som medfølelse og ønsket om at tjene andre i nød. Når vi virkelig elsker Gud, vil vi have medfølelse med hele verden. De vibrationer, som skabes gennem uselviske handlinger, affødt af kærlighed, velsigner alt og alle omkring os. Det forklarer, hvorfor vi oplever disse håndgribelige vibrationer omkring store spirituelle mestre, hvis vi er tilstrækkelig modtagelige.

For få år siden var der en journalist, som var nysgerrig efter at vide, hvad Amma lavede i sin fritid, så han spurgte hende: "Hvad laver du, når du er alene?" Alle grinede, for vi kendte svaret på forhånd: Amma er aldrig alene. Hun er altid omgivet af mennesker, selv når hun er inde på sit værelse. Der er endeløse projektmøder. Der er altid nogle, der kommer på besøg, og ellers er Ammas assistent altid inde hos hende. Amma har ikke noget privatliv… Hun er aldrig alene.

Amma overraskede os, da hun klart og enkelt svarede: "Jeg er altid alene."

"Det tror jeg ikke på!" svarede han. "Jeg mener, hvad laver du, når der ikke er så mange mennesker omkring dig?"

Hun gentog: "Jeg er altid alene. Uanset om der er mange mennesker eller ingen omkring mig, er jeg alene. Jeg ser alt som en udvidelse af mig selv; det er alt sammen én bevidsthed."

Han forstod stadig ikke, hvad hun mente, så han tilbød nogle alternative forklaringer: "Læser du bøger, eller surfer du på internettet, når du er alene?" Det affødte mere latter blandt dem, som kender Amma godt. Amma på nettet? Kan du forestille dig det? Selvfølgelig ikke.

Hun svarede roligt: "Det ydre internet er en manifestation af det indre internet. Jeg har det højeste internet indeni, så det browser jeg." Amma ser alt som en manifestation af Gud og af hendes højeste selv. Intet er adskilt fra hende.

Vi skal forsøge at se verden på samme måde, som Amma gør. I de tidlige dage sammen med Amma gik jeg sjældent op til darshan. Men når jeg så andre modtage darshan, forestillede jeg mig ofte, at jeg var den, som var i Ammas arme og oplevede deres glæde. Hvis vi kan komme igennem misundelsen og *føle* det, som om vi er det andet menneske, som modtager kærlighed fra Amma og glæder os på deres vegne, vil vores liv blive dybt beriget. Vi skal dele den følelse af, at alle på en eller anden måde er forbundet. I sandhed *er* vi alle andre...

Amma deler sit liv, sin visdom og uendelige medfølelse med hvem, der end vil tage del i den. Hun smelter fuldstændig sammen med os, når hun rører os, griner sammen med os eller synger med os. Hun ser alle som en udvidelse af sit Selv. Amma er ikke bare et almindeligt menneske. Hun er en inkarnation af den højeste kærlighed.

Kapitel 10

Fravær af tilknytning er kærlighed i forklædning

"Hele verden og tingene i den er skabt til vores brug – ikke til vores ejerskab. Vi har glemt, at det handler om at bruge verden i stedet for at forvente, at den giver os glæde."

– Amma

Sand glæde opstår ved at give uselvisk, og fred i sindet kommer af at tjene andre uden at forvente noget til gengæld. Ideelt set skal vi bevæge os gennem livet og elske alle samtidig med, at vi undgår at blive for tilknyttede. Hvis vi prøver at finde glæde i den ydre verden, hvor vi ofte søger den, vil vi blive skuffede og i stedet opleve frustrationer og sorger. Varig glæde kan kun opnås gennem medfølelse og fravær af tilknytning.

De fleste mennesker misforstår betydningen af ikke at have tilknytning til ting. Det betyder ikke, at man skal afstå fra at eje ting eller afholde sig fra at bruge dem. Det betyder ikke, at man skal afvise kærlighed og nærhed i nære relationer, (og det handler i hvert fald ikke om at give afkald på chokolade!) Det ægte fravær af tilknytning er en dyb og fuldstændig oplevelse af medfølelse. Det er fundamentet for ægte kærlighed, det er uselviskhed, og det indebærer en fuld forståelse af ting og relationers grundlæggende natur. Ikke at være tilknyttet indebærer, at vi indser, at ting og andre mennesker ikke kan give os varig glæde.

Når vi er knyttet til nogen eller noget, forventer vi at opnå glæde gennem det menneske eller den ting. Denne misforståelse fører til forventninger og ønsker. Med tiden vil enhver form for tilknytning føre til en eller anden form for sorg, (særligt hvis vi spiser for meget chokolade!). Når vi ønsker at opnå noget gennem et andet menneske, oplever vi en tilknytning og ikke kærlighed. Det, vi ofte kalder for 'kærlighed,'

Fravær af tilknytning er kærlighed i forklædning

er i virkeligheden en måde at indgå en handel: 'Du giver mig, hvad jeg ønsker, og jeg giver dig, hvad du ønsker.' Det ægte fravær af tilknytning gør det muligt for os at elske betingelsesløst og at tjene uden ønsket om at få noget tilbage. Oprigtigt at elske andre er et meget krævende bud at følge.

Ashrammens beboere arbejdede i 2006 i kølvandet på den indiske tsunami med at bygge huse til fattige mennesker, der var blevet hjemløse. Der oplevede de ofte, at de mennesker, de forsøgte at hjælpe, talte nedsættende og grimt til dem. Da de vendte tilbage til ashrammen, fortalte de Amma om det og spurgte: "Amma, hvorfor skal vi hjælpe disse mennesker? De vil ikke løfte en finger for at hjælpe til med selv den mindste lille opgave. De værdsætter slet ikke vores arbejde!" Amma fortalte dem, at disse mennesker blot gav udtryk for deres natur. Ashrammens beboere skal som spirituelt søgende svare tilbage ved også at vise deres natur. De skal være et eksempel på de gode værdier, som Amma har undervist dem i.

Der findes en historie om en mand, der bliver ved med at forsøge at redde en skorpion fra at drukne. Hver gang han stikker hånden ned i vandet for at redde den, stikker den ham. Nogen spørger ham, hvorfor han forsøger at redde en skabning, som hele tiden gør ham ondt. Han svarer, at det er skorpionens natur at bide, men at det er hans natur at blive ved med at forsøge at hjælpe den uanset hvad. Han ved, at det at hjælpe andre, er vejen til himlen.

Hvis vi forventer anerkendelse for alle de gode ting, vi gør, vil vi ofte blive skuffede. I stedet må vi finde tilfredsstillelse ved helt enkelt at gøre de rigtige handlinger. Hver eneste handling kan være en smuk oplevelse, hvis vi udfører den med entusiasme og den rigtige indstilling. Selvom ingen kommer til at se det eller vide noget om det, vil vi høste frugten af at gøre noget godt.

At klynge sig til andre mennesker og ønske at de skal kunne lide os er en form for tilknytning, som hen ad vejen vil skuffe os. Amma viser os gennem sit eget liv, hvordan vi skal have medfølelse med alle, selvom de opfører sig dårligt over for os. Det eneste, hun tilbyder, er kærlighed og tilgivelse. Sådan møder hun selv de mennesker, som offentligt har løjet om hende, eller som har forsøgt at dræbe hende. Hun lærer os, at vi skal elske alle uanset hvilke følelser, de nærer for os. Det er ikke en let opgave at være uden tilknytning.

At elske alle indebærer ikke, at vi skal nære blind tillid til dem. Vi er stadig nødt til at bruge vores skelneevne. En ung mand kom og fortalte mig, hvad han havde oplevet en nat i Mumbai. Han var ikke helt sikker på, om han havde handlet rigtigt eller ej. Der var en tyv, som var kommet hen til ham på gaden og havde sat en kniv op mod hans strube og bedt ham om at aflevere sine penge. I stedet for at gøre som tyven sagde, hev han kniven ud af hånden på ham og gav ham en knytnæve lige i ansigtet, så tyven brækkede næsen: Derefter løb han for livet så hurtigt han kunne, mens han beholdt kniven som souvenir. Jeg forsikrede ham om, at han i den situation havde gjort det rigtige.

Nogle gange er det vigtigt at tage kampen op, når der gælder en sag, der er retfærdig. Det er helt sikkert, at der opstår forhindringer i livet. Vi bliver nødt til at bevare den rigtige indstilling og lære at møde vanskelighederne på en god måde. I denne sag blev manden ikke vred på tyven under røveriet. Da han valgte at forsvare sig selv, handlede han faktisk på en måde, som var udtryk for størst mulig medfølelse. Måske inspirerede hans handlinger tyven til at overveje nøje, hvorvidt han skulle fortsætte sit dårlige karrierevalg.

Vi skal forsøge at forstå andre menneskers grundlæggende natur. Når vi husker, at alle mennesker har fejl, bliver det lettere at tilgive andre mennesker og vise medfølelse i stedet for at bebrejde eller fordømme dem for deres begrænsninger. Hvis vi kan fastholde en sådan forståelse af andre mennesker, vil det hjælpe os til at være empatiske over for alle, og det vil med tiden føre os til den fuldkomne tilstand af uselvisk kærlighed.

Besøgende i Ammas ashram tror indimellem, at fordi det er et helligt sted, vil alle beboere være stille og venlige og altid fordybede i deres spirituelle praksis. Det kan virke sådan, indtil du står i køen for at få en kop te. Der kan du observere en mindre helgenagtig adfærd. Når noget går imod vores ønske, opstår vreden fra egoet. Vi bliver nødt til at indse, at det er egoets natur og verdens beskaffenhed. Vredens ansigt viser sig, når ønskerne dukker op.

Fravær af tilknytning er kærlighed i forklædning

Som Amma siger: "Vi skal ikke forsøge at få en frø til at blive en elefant eller få en elefant til at blive en frø. Forsøg at se andre som de er og ikke, som vi ønsker, at de skal være. Når vi går i zoologisk have, kan vi se de vilde dyr. Der er løver og tigre. Vi går ikke hen i nærheden af dem, men står på afstand og nyder synet. Hvis vi kommer for tæt på dem, er det farligt. På samme måde skal vi altid opretholde en indre afstand, der adskiller os fra det, der sker, og forsøge at være et vidne til det. På den måde bliver vi i stand til at være rolige og fredfyldte indeni trods de ydre omstændigheder."

Hvis vi kan bevare den indre oplevelse af ikke at have tilknytninger, vil vi være i stand til at nyde verden uden at blive påvirket negativt af de op- og nedture, den byder os. Der vil altid findes mennesker, som vi elsker, og som behandler os virkelig godt, og andre som vi ikke bryder os om, fordi de er vanskelige at omgås. Det vil blive lettere for os at have forståelse for dem, vi ikke bryder os om, hvis vi tager deres livshistorie i betragtning og forsøger at forstå deres problemer, smerte og lidelse. Den proces vil fremkalde vores iboende medfølelse og hjælpe os til at udvikle den. Når vi lærer de mennesker at kende, som giver os problemer, finder vi ofte ud af, at de har en meget trist eller problemfyldt baggrund.

For det meste er vi ikke bevidste om, hvor dybt andre mennesker lider, og vi fejlvurderer dem. Måske har de vanskelige personer været udsat for overgreb eller ikke modtaget nok kærlighed fra deres forældre. Amma fortæller, at selv i livmoderen vil en baby ikke formes på den rigtige måde, hvis der ikke er kærlige intentioner bag. Måske blev det menneske, vi ikke bryder os om, født af forældre, der var alkoholikere eller stofmisbrugere. De børn bærer ofte varige sår hele livet igennem. Hvis vi kan forstå situationer ud fra et bredere perspektiv, kan vi befri os selv fra kæder af bindinger, der opstår, når vi tænker med fordømmelse på andre.

Amma fortæller os: "Vær ikke som et kamera. Vær som et spejl." Reflekter, giv slip og undlad at være tilknyttet. Amma bliver aldrig fanget af negative følelser. Hun er en ren refleksion, der kærligt er vidne til alt og spejler os. Hun holder ikke fast i noget, men lader alt strømme igennem sig uden at fordømme det. Vi er mere som

Fravær af tilknytning er kærlighed i forklædning

kameraet, som tager billeder af hver eneste scene, som vi bruger som bevis. Den utrolige frihed, der opstår, når man ikke er tilknyttet, gør det muligt for Amma at gøre det, ingen andre er i stand til: at elske hver af os ubetinget og omfavne tusindvis af mennesker, en efter en.

Når vi lever vores liv, skal vi lære at forstå andre og verdens beskaffenhed på den rigtige måde, og vi skal elske andre uden at forvente en belønning. Amma beder os om at forstå andre menneskers situation, deres livsomstændigheder, deres mentale beskaffenhed og tjene dem med udgangspunkt i denne forståelse.

Kapitel 11

At skabe indre frihed

"Had standses aldrig med had, men kan kun helbredes gennem kærlighed."

– *Buddhistisk vers*

Hvis vi ikke kan slippe negative oplevelser, som vi har fået tidligere i livet, vil vi aldrig være i stand til at blive modne. Det er kun ved at tilgive andre, at vi kan helbrede vores smerte. Den primære årsag til, at andre sårer os, er, at de selv lider og har det svært. Når vi udvikler medfølelse i måden, vi forstår dem på, og ser dybere end den ydre facade, vil vi bemærke, hvor vidtrækkende konsekvenser lidelsen har i utallige menneskers liv. Denne smertecyklus vil fortsætte, indtil vi ændrer vores mentale indstilling og lærer at tilgive. Tilgivelse kræver en storhed af det enkelte menneske. Det gælder især, når det er andre, som har begået en fejl.

Guddommelig gengældelse vil helt sikkert ramme dem, som har såret os. Vi skal ikke forsøge at involvere os i gengældelsen med vilje. Det er skadeligt for os selv at ønske hævn eller at straffe mennesker for måden, de har såret os på. Alle menneskers liv drejer rundt i et hjul, der udspringer af karma, frugten af tidligere handlinger. Al den smerte, vi påfører andre, vil på et tidspunkt vende tilbage til os – så hvorfor skal vi skade os selv i fremtiden ved at søge hævn nu? I stedet skal vi helt enkelt tage ved lære af vores smertefulde erfaringer. Hvem ved, hvad vi foretog os i tidligere liv, som har forårsaget vores nuværende lidelse?

Amma kommer med et eksempel: Hvis vi går en tur, mens det er mørkt, og kommer til at træde på en tornebusk eller et stykke pigtråd, vil det gøre ondt. I stedet for at slippe fri og koncentrere os om at få helbredt sårene, holder vi fast i tornen eller pigtråden i foden og råber: "Du sårede mig, slip mig fri, slip mig fri!" Men i virkeligheden er det os selv, som holder fast. Selvom det kun er for vores eget bedste, er vi endnu ikke klar til at slippe vores greb om den smerte, vi selv er årsagen til. En dag vil vi være nødt til at give slip på det hele. Hvorfor ikke gøre det nu i stedet for senere? Hvorfor vente indtil vi har fået endnu flere ar efter fortvivlelse og traumer, som vi selv har været med til at forårsage? Hvorfor ikke tilgive og opleve friheden?

Det er for vores egen skyld, at vi skal lære at tilgive. Vi kommer måske aldrig helt til at forstå nødvendigheden af den smerte, vi skulle gennemgå. Der findes nogle ting i livet, som vi aldrig vil være i stand til at forstå. Der findes ting, vi end ikke kan forsøge at begribe. For at helbrede os selv, må vi acceptere, at denne smerte var vores *karma* (loven om årsag og virkning), der vender tilbage til os. Vi må tilgive dem, der var det guddommelige redskab, som blev sendt for at aflevere budskabet.

Der var en eftermiddag på stranden i Amritapuri, hvor Amma holdt satsang om det nye år, der var i vente. Hun sagde, at vi i stedet for at lave nytårsforsætter skulle anstrenge os for at tilgive. Hvis vi var oppe at skændes med nogen eller ikke var på talefod med dem, skulle vi sige undskyld og søge at tilgive. Hun har sagt noget lignende ved mange andre lejligheder, hvor hun har givet satsang og fortalt os, at hvis der er nogen i familien, som man ikke længere har forbindelse med, skal vi være de første, som rækker ud efter dem og tilgiver. Ved denne lejlighed var der en af de hengivne, som modstræbende indså, hvad han var nødt til at gøre.

Mens han deltog i denne satsang, tog han sin mobiltelefon og sendte en e-mail til sin stedfar, hvor han undskyldte for det dårlige forhold, de havde udviklet til hinanden. Han bad om tilgivelse og fortalte, at selvom de igennem tyve år ikke havde kunnet enes, ville han gerne starte forfra. Hans stedfar blev utrolig rørt og overvældet af glæde. Han indvilligede med det samme i at starte forfra. Da denne hengivne rejste tilbage for at besøge sin mor og stedfar nogle få måneder senere, fandt han ud af, at hans stedfar var blevet diagnosticeret med en kræftsygdom og kun havde få måneder tilbage at leve i.

Forholdet blomstrede frem mellem dem gennem deres genforening og førte til, at denne hengivne blev sin stedfars omsorgsgiver i de sidste få måneder af hans liv. Til sidst sad han ved sin stedfars side og holdt ham i hånden, mens stedfaren gik i døden. Den helbredende tid, de tilbragte sammen med hinanden, frembragte

At skabe indre frihed

et værdifuldt forhold mellem dem og blev en forbløffende spirituel rejse for dem begge.

Vi skal lære at bede for dem, der har såret os. Vi skal bede om, at vi bliver i stand til at tilgive dem, og at de vil kunne bære den smerte og lidelse, som de skal igennem på grund af deres handlinger. Giv slip på 'tornebusken', så du kan favne tilgivelsen. Hvis du er i stand til at gøre det, vil livet ganske sikkert også omfavne dig med en stor sødme.

En anden hengiven delte også sine erfaringer med at følge det råd, som Amma gav ved sin satsang.

"Min yngste bror arbejdede i mange år i World Trade Center. Han befandt sig i bygningen den dag, terrorangrebet fandt sted. Da det første fly ramte bygningen, hvor han befandt sig, lykkedes det ham at slippe ud sammen med nogle af sine kolleger. De forberedte sig på at gå ind i den anden bygning, da det andet fly ramte den. De løb deres vej og slap væk igen.

Det var ikke muligt at få forbindelse med nogen, så hele dagen vidste vi ikke, om han havde overlevet. Efter angrebet ville min bror aldrig tale om sin smerte og sit traume. Han opsøgte aldrig nogen rådgivning. Han ville hverken tale med sin kone eller mig om det. Han forsøgte bare at lade som om, det aldrig var sket. Jeg vidste, at han led under det, men jeg vidste ikke, hvad jeg skulle gøre for at hjælpe ham.

Amma lærer os, at vi skal elske vores familiemedlemmer, når de lider. Men på det tidspunkt havde min bror og jeg ikke haft regelmæssig kontakt med hinanden i over femten år. Der var mange problemer i familien, og det havde ført til en dyb afstand mellem os. Jeg hørte, hvordan Ammas satsang handlede om at skrive til de familiemedlemmer, vi havde taget afstand til, og bede for dem. Hvordan hun opfordrede os til at kommunikere vores kærlighed til dem på en blid måde. Hun fortalte, at selvom du ikke ved, hvad du skal sige, kan du bare sende dem en e-mail eller skrive et kort brev, hvor du giver udtryk for kærlig omsorg. Hun fik os alle til at sige højt, at vi ville skrive til vores familiemedlemmer. På den måde begyndte der en periode, der varede tolv år, hvor jeg hvert år skrev til min bror.

Hvert år sendte jeg ham en kort tekstbesked på mobiltelefonen den 11. september. Jeg udtrykte min kærlighed og forståelse for hans lidelse og fortalte, at jeg var taknemmelig over, at han var i live. Jeg fortalte ham, at jeg altid ville være der for ham, hvis han ønskede at tale om tingene.

Det ene år efter det andet passerede forbi, uden at han nogensinde svarede tilbage. Amma lærer os, at vi skal elske uden at forvente noget. Så hvert år sendte jeg beskeden afsted og blev ved med at bede for ham. For nogle få år siden mærkede jeg, at min mobiltelefon vibrerede den 11. september. Jeg så ned, og for første gang i årevis modtog jeg en tekstbesked fra min bror. Han havde videresendt alle de tekstbeskeder, jeg havde sendt ham i tidens løb sammen med en lille besked, hvor der stod: "Jeg har gemt dine beskeder hvert år og læst dem hele året igennem. Du aner ikke, hvor meget det har betydet for mig i al den tid."

Jeg kiggede ned og læste de beskeder, jeg havde skrevet til ham én gang om året – år efter år – uden nogensinde at vide, om han havde læst dem, om han kunne lide dem, og om det havde været nogen hjælp for ham. Jeg begyndte at græde. Amma viste mig, at kærlighed og forsoning er mere kraftfuld end smerten. Selv den smerte, der påføres ved terrorisme. Ligesom dråber af vand gradvist afrunder en klippe, vil kærligheden med tiden vinde."

Livet giver os mange muligheder for at vælge: Enten kan vi synke dybere ned i lidelsen, eller vi kan klatre opad mod tilgivelse og indre fred. Man er nødt til at være utrolig modig og ydmyg for at bevæge sig ind på tilgivelsens vej – de fleste mennesker er ikke klar til at begive sig ind på denne heltemodige vej. En spirituelt søgende skal huske, at det kun er gennem tilgivelse, at vi kan løfte os højere op. Uanset hvor vanskeligt det kan virke at gøre det. Hvis du holder fast i fortiden, vil det ikke hjælpe dig på nogen måde. Hvis du ønsker at bevæge dig fremad mod Gud, må du lære at tilgive og glemme.

Hvad gør planterne med den gødning, som mennesker spreder på jorden? De optager mineralerne fra den ildelugtende gødning og bruger dem til at vokse. Planten tænker ikke: "Åh, hvad har du dog gjort mod mig?" Planten vokser og optager kun næringsstofferne fra gødningen. Den bruger dem til at skabe smukke blomster. På samme måde kan vi ved at tilgive andre blive storslåede spirituelle blomster, som spreder den udsøgte duft af uselvisk kærlighed.

Kapitel 12

Vær altid en begynder

"Hvis du vil slippe fri fra kritik, skal du intet gøre, intet sige og intet være."

– Elbert Hubbard

I tiden efter at have mødt Amma første gang, kan vi næsten komme til at tro, at vi er fuldkomne og snart står ved tærsklen til at realisere Selvet. Men som årene går, finder vi efterhånden ud af, at andre mennesker stadigvæk fremprovokerer alt det negative, der ligger skjult indeni os. Vi opdager, at vi måske ikke er helt så fuldkomne, som vi forestillede os i begyndelsen. Det er lidt på samme måde, når vi tror, at køkkengulvet er rent, men opdager at det er snavset, så snart vi begynder at vaske det med en klud. Når vi er ærlige overfor os selv, begynder vi at erkende, at vi er langt fra fuldkomne. Vi indser, at vi kun befinder os lige i begyndelsen af vores udvikling, og at vi er nybegyndere.

En god måde at begynde at blive ydmyg på er ved at lægge mærke til vores fejl. Når illusionen om vores godhed brister, kan vi begynde at samle stykkerne sammen og være ærlige over for os selv. Spirituelle praksisformer er som en klud, der fjerner urenhederne fra vores sind. De hjælper os til at blive mere bevidste, rense ud i vores handlinger og på den måde hele os selv.

Hvis vi begår en fejl, skal vi ikke bare standse op. Vi er nødt til at fortsætte og lære af erfaringen, så vi kan rette fejlen. Hvis vi vælter omkuld, skal vi ikke bare blive liggende på jorden og stagnere. Vi må samle os selv op og finde styrken til at fortsætte. Amma fortæller os, at vi skal være som jernspåner, der er tiltrukket af en magnet. Længslen efter at smelte sammen med Gud skal være så intens, at den inspirerer os til at rejse os igen og gå videre, hver gang vi er væltet omkuld.

For nylig var der en kvinde, som fortalte mig, at hun følte sig ked af det og vred, fordi hun var blevet skældt ud over noget, som hun ikke havde gjort. Selvom det ikke var hendes skyld, anbefalede jeg hende at forholde sig i ro.

Hun accepterede kritikken, selvom den anden tydeligvis tog fejl, og hun havde ret. Jeg kender den person, hun havde konflikten med, og fornemmede, at hvis hun konfronterede ham, ville der ikke være nogen ende på historien. Det plejede ikke at være sådan, hun håndterede den slags situationer, men hun indvilligede i at forsøge. Få dage efter fortalte hun mig, at den person, som havde skældt hende ud, var kommet tilbage for at undskylde. Kvindens rolige måde at forholde sig på havde vist ham, at han havde uret. Han var meget ked af sin dårlige opførsel og indrømmede, at det var ham, der var nødt til at forandre sig.

Nogle gange kan vi ikke lade være med at bebrejde andre mennesker. Det sker, når vi ikke vil acceptere, at vi også selv begår fejl. Hvor ville vi hurtigt lære ydmyghed, hvis vi anså alle mennesker, der irettesætter os, for at være Amma. Hvis vi kunne gøre det, ville vi kærligt sige til vores kritikere: "Det er jeg ked af, tak fordi du fortæller mig, hvad jeg skal arbejde med." Også selvom det ikke var sandt!

Når vi bevarer den indre ligevægt i en absurd situation, bliver den karmiske binding, som vreden forårsager, skåret over. Hvis vi omvendt vælger at kæmpe, kan vi fastholde konflikten i årevis – muligvis helt ind i fremtidige generationer.

Vi må lære at skære vores karmiske bindinger over, trække dem op ved roden og opløse vores konflikter fuldstændigt. Hvis vi ikke gør det, vil vi hele tiden befinde os i situationer, hvor vi gentager de skadelige scenarier. Situationer og omstændigheder vil blive ved med at dukke op, indtil vi har fået de erkendelser, det var meningen, at vi skulle have. Vi skal stræbe efter at lære af vores fejl og forsøge ikke at begå dem igen. Hver dag får vi en ny mulighed for at starte på en frisk. Når nogen fortæller os, at vi har gjort noget galt, skal vi anstrenge os for at acceptere det med så stor ydmyghed som muligt.

Det hjælper ikke at tænke: "Jeg er en synder. Jeg har gjort så mange fejl. Jeg lærer det aldrig. Jeg kan ikke forandre mig." Den indstilling er helt forkert – vi skal altid være klar til at begynde igen. På det subtile plan er der altid velsignelser, der strømmer os i møde. Men vi kan kun opfange velsignelserne, hvis vi udvikler den rigtige positive indstilling. Vi skal ikke blive ofre for håbløshed og fiasko.

Der er ingen grund til, at du fortæller alle andre om dine svagheder, da det kun tjener til at forstærke og styrke dem. Når du laver en fejl, skal du ganske enkelt bemærke det og stille acceptere det, mens du går videre i livet og forsøger ikke at gentage den. Forsøg at udvikle en ydmyghed, hvor du glæder dig over det, når nogen påpeger en af dine fejl. Det ville gavne os meget, hvis vi kunne være taknemmelige, når nogen retter på os.

Det kan være smertefuldt at begå fejl. Men vi skal prøve at huske, at smerten kun opstår for at afholde os fra at skade os selv. Hver eneste handling, vi gør, vil have efterfølgende konsekvenser. Vi bør ikke bebrejde andre og tænke: "Det er deres fejl og ikke min." Når vi tager ansvar for vores handlinger, vil der begynde at dukke mange velsignelser op i vores liv.

Vi er altid parate til at fortælle andre, når vi har klaret noget stort eller ekstremt godt. Det er i orden, men vi skal også indrømme over for os selv, at vi indimellem begår fejl. Det kan være meget svært, men du skal ikke bekymre dig.

Kærlighed er svaret

Du vil altid være omgivet af mennesker, som er klar til at påpege dine fejl, utilstrækkeligheder og fiaskoer. Livet byder på endeløse muligheder for at udvikle ydmyghed.

Jeg husker en hændelse, hvor Amma irettesatte en swami på en meget skarp måde. Han havde sørget for, at vi skulle flyve til Europa på vores tur og rejse tidligt om morgenen på *Vijaya Dashami* (en festival, hvor man fejrer sejren over ondskaben). Denne festival er vigtig i Indien og anses for at være et meget lykkebringende tidspunkt, hvor børn bliver initieret til skole og uddannelse. Amma var vred, fordi hun ønskede at være sammen med alle i ashrammen på det tidspunkt. I stedet havde swamien sørget for en ekstra hviledag i Tyskland, inden turen startede. Amma var slet ikke glad for det.

Da vi skulle til at tage afsted, ringede hun til swamien, der havde begået fejlen, og mens hun sad i bilen, skældte hun ham ud. Hun sagde: "Hvorfor gjorde du det? Hvorfor får du mig til at tage af sted på dette helt særlige tidspunkt? Jeg ønskede at være sammen med mine børn!" På den anden side af jorden, hvor han befandt sig, var klokken tre eller fire om morgenen.

Vær altid en begynder

Telefonforbindelsen var meget dårlig, og han kunne ikke helt forstå, hvad Amma sagde. Det var tydeligt, at hun ikke var tilfreds med ham, men i stedet for at blive oprevet, tænkte han på, hvor helligt det var at høre lyden af hendes stemme på så gunstigt og lykkebringende et tidspunkt om morgenen. Det endte med at blive en ekstatisk oplevelse for ham, fordi han vidste, at alt, der kommer fra Amma, er en velsignelse. Uanset hvad det er. Selv en irettesættelse viser, at hun virkelig har omsorg for os og ønsker at guide os til fuldkommenhed. Da samtalen var færdig, satte han sig og komponerede en bhajan, mens han mærkede glæden i hjertet ved at høre Ammas ord.

Han accepterede sin fejltagelse på en fantastisk måde. Han blev irettesat, men havde den ydmyge indstilling at høre guruens stemme som en velsignelse, og af den grund forvandlede han irettesættelsen til guddommelig musik. Vi har et valg i forhold til alt, hvad der sker på vores vej. Kæmper vi med det, og lader vi vores ego rejse sig? Eller overgiver vi os og vender situationen til en fantastisk melodi, som vi kan dele med verden?

Vi kan ikke kontrollere de situationer og begivenheder, der finder sted i vores liv. Det eneste, vi har kontrol over, er den indstilling, vi accepterer dem med. Lad os anstrenge os for at vende alt til en smuk bhajan, som vi hver aften kan synge for Amma.

Kapitel 13

Sindets monster

"De fire vanskeligste opgaver på jorden er hverken fysiske eller intellektuelle bedrifter, men spirituelle: at gengælde had med kærlighed, at inkludere de ekskluderede, at tilgive uden at få en undskyldning og at være i stand til at sige: "Jeg tog fejl"".

– *Ukendt forfatter*

Vi skal stræbe efter at finde fred i sindet og bevare den i alle mulige vanskelige situationer. Det er meget svært til hver en tid at bevare den indre ligevægt. Men det er det egentlige tegn på spirituel udvikling. Sindets bølger forsøger altid at trække os ned og drukne os i havet af *maya* (illusion), som verden flyder rundt i. Disse mentale bølger kan være stærkere end en tsunami – de forsøger at ødelægge alt. Vores anstrengelser og spirituelle praksis vil hjælpe os til at bevare balancen, selv når det virker, som om vi balancerer på en line. Men selv den rigtige indstilling er ikke altid nok til, at vi kan klare store vanskeligheder. Det er grunden til, at vi har brug for at blive guidet af en fuldkommen mester.

Der findes yogier i Himalaya-bjergene, som har mediteret i årtier, men når det handler om, at de skal have deres mad, kan de finde på at skændes om, hvem der får den først. Det kan være, at de udfører de mest anstrengende *tapas* (bodsøvelser), men nogle gange er det små ting, som kan få selv de mest erfarne yogier til at miste besindelsen. Det er kun gennem guruens nåde, at egoets stædige skygge gradvist kan blive elimineret.

Vi må opnå den nåde, som gør det muligt for sindet at fastholde opmærksomheden i en vedvarende fredfyldt tilstand. Denne opmærksomhed er det stærkeste våben, vi har imod de monstre, som findes indeni. At besejre disse monstre fuldstændigt kræver nåde og kraft fra en fuldkommen mester som Amma. Hendes kærlighed og vejledning kan med garanti smelte det negative i os og få smerten til at forsvinde.

Sindets monster

Jeg beder ofte: "Må mit liv være viet til at tjene Amma, og må jeg finde styrken til at tjene verden." Så snart jeg tænker disse tanker, hører jeg dørklokken til mit kontor kime, og jeg sukker for mig selv: "Hvem er nu det, der forstyrrer mig?" Så går jeg ud for at se, hvad personen ønsker. For det meste er det nogen, som forsøger at hjælpe, og jeg får det dårligt over, at jeg blev irriteret. Så vender jeg tilbage til min seva, og kort efter ringer dørklokken igen... Nogle gange ringer dørklokken lige så snart, jeg har sat mig... og sådan fortsætter det.

Så går det op for mig, hvad det er, jeg lige har tænkt på: "Hvad er det egentlig, jeg beder om? Her er chancen for at få opfyldt min bøn og tjene nogen, men jeg glemmer det." Amma fortæller os hele tiden, at det er lige meget, hvor mange år vi har befundet os på den spirituelle vej. Vi er alligevel altid nybegyndere.

Man kan leve i nærheden af en mahatma i årtier. Men hvis den indre holdning ikke er oprigtig og indstillet rigtigt, vil vi ikke opnå modenhed eller fred i sindet. Man kan befinde sig lige ved siden af Amma i årevis. Men der er ikke garanti for, at det hjælper noget, medmindre man lærer at bruge sit sind på en ordentlig måde. Det er ikke nok bare at sidde ved siden af Amma, man er også nødt til at praktisere hendes lære i sit daglige liv.

I den første tid, hvor vi boede i ashrammen, fik Amma os til at sidde og meditere i otte timer hver dag, hvilket var utrolig vanskeligt. Hun indrømmede senere, at årsagen til, at hun fik os til at gøre det, hang sammen med, at vi altid troede, at vores vanskeligheder bundede i ydre omstændigheder. Det er så let at falde i fælden, hvor vi tænker: "Den person forårsager mine problemer! Det er alle de andres skyld, at jeg har problemer!" Når vi øver os i at meditere, ser vi det, der faktisk findes inde i sindet. Hvis vi er ærlige, vil vi indse, at det kun er os selv, som er roden til alle vores problemer. Amma ønsker, at vi skal erkende nødvendigheden af at arbejde med os selv i stedet for at bebrejde alle andre, når der opstår rod og vanskelige omstændigheder i vores liv.

At være i nærheden af Amma og betragte hende er en virkelig smuk oplevelse. Jeg ved, at jeg er utrolig heldig, fordi jeg har muligheden for at være så tæt på Amma. Når vi er uden for ashrammen og rejser lange strækninger i autocamperen, lægger Amma sig måske ned på gulvet for at hvile sig lidt. På grund af de mange timer, Amma sidder ned uden nogen mulighed for at strække sig, har hun ikke en særlig god blodcirkulation i benene, så jeg forsøger indimellem at massere hendes fødder. At lade mig massere hendes fødder, er en af de få bekvemmeligheder, hun indimellem tillader sig, og selv der tænker hun altid først på mig.

Nogle gange mens jeg sidder på gulvet og ønsker at massere Ammas fødder, strækker hun sine ben ud mod mig. Hun sætter sig på en måde, som er meget anstrengende for hendes krop, fordi hun ønsker at gøre det praktisk og let for mig at massere hende. Når hun endelig har et øjebliks hvile, gør det mig ked af det, at hun er villig til selv at have det ubehageligt for at behage mig.

De vibrationer, som Amma udstråler i disse situationer, er nok til at berolige de vilde bæster i sindet. Der har været tidspunkter, hvor tårerne er løbet ned ad kinderne på mig, fordi jeg har været så taknemmelig over at være hende så fysisk nær. Ammas nærvær kan skabe vibrationer, som får vores sind til at smelte. Det tæmmer de onde bæster, som vi har buret inde i os selv, og forvandler dem til små søde kattekillinger.

Nogle gange, når jeg rører hendes fødder, tænker jeg på alle de mennesker, som indimellem irriterer mig. Jeg forestiller mig, at jeg går hen til dem og siger: "Jeg er ked af det. Jeg tilgiver dig." Alt det negative i mig smelter væk, og jeg ønsker altid at vise godhed og overgive mig til alle omstændigheder. I de øjeblikke skaber hendes vibrationer så meget kærlighed i mig, at egoets mur af støbejern fuldstændig falder fra hinanden.

Problemet er, at denne mur kun forsvinder midlertidigt. Når jeg efter et stykke tid er holdt op med at holde om hendes fødder, rejser den sig igen, og jeg tænker: "Nej, jeg behøver *virkelig* ikke at sige noget til det menneske…"

Blot en berøring fra Amma kan få alt det negative i os til at forsvinde ud i den blå luft. Desværre tillader vi det at vende tilbage alt for hurtigt. Egoet kommer hele tiden tilbage for at plage os. Amma er i stand til at nedbryde de indre barrierer, men det er vores ansvar ikke at genopbygge dem. Heldigvis bliver Amma ved med at tilgive og opfordre os til at bruge vores skelneevne, så vi gør det rigtige. Det kræver mange livs spirituel praksis at holde sindets negative strøm tilbage og opnå den styrke og guddommelige nåde, som vi har brug for, hvis vi skal nå målet. Målet er at se og opleve det guddommelige overalt.

Vi er her for at lære at kontrollere sindet, så vi kan se skabelsens sande skønhed, ligesom Amma gør det. Vi er nødt til at holde op med at projicere skylden over på andre og være glade for det, der bliver givet til os. Hvert eneste vanskelige problem, vi står over for, er en smuk lære i forklædning. Det er alt sammen designet af det guddommelige, sådan at vi kan lære noget, som vil hjælpe os til at komme igennem vores lidelse. Problemet er, at vi har tillid til den fjende, som altid forsøger at snyde os: vores sind! Vi gør dette skøre sind til vores bedste ven og har tillid til alle de absurde ting, det fortæller os.

Amma ved, hvad vi har brug for, hvis vi skal udvikle en tilstand af indre ligevægt. Det skal vi ikke tvivle på. Men det er ikke altid let at huske det, når mayas mørke skyer formørker vores skelneevne. Amma har sagt, at det kan være meget let at se og opleve det guddommelige. Men det er ekstremt svært ikke at falde i kløerne på maya.

Sig til dig selv: "Lad mig bare være nærværende i dette øjeblik og bruge min skelneevne. Alt det, der sker i mit liv, indeholder noget vigtigt, jeg skal lære." Selvom vi kan tro, at det er en anden eller en ydre situation, der er årsagen til problemerne, er det ikke sandt. Alle vores lidelser opstår kun på grund af monstrene i vores eget sind. Du skal forsøge at kontrollere de onde monstre, før de opsluger dig. Hvis vi forsøger at gøre en bevidst indsats for at kontrollere dem, vil vi efterhånden opnå den mentale styrke, der skal til, for at det negative i os smelter og forbliver væk.

Det kræver flere liv, hvor man bevidst forsøger at være god, før man når det endelige mål, som er gudsrealisering. Vi kan alle gøre vores bedste for at efterleve de værdier og dyder, vi tror på, inden vi forlader kroppen. Jo mere vi forsøger, des lettere bliver det. Hvis vi lægger alle vores kræfter i det, vil Ammas nåde helt sikkert til sidst føre os til gudsrealiseringens endelige mål.

Kapitel 14

Amma får alt det negative til at smelte og forsvinde

"At give afkald handler om at have den rigtige indstilling. Hvis du giver afkald på et psykologisk plan, kan du have hele verden omkring dig, og den vil aldrig påvirke dig."

– Amma

Hvis vi kan holde hovedet over vandet, selvom eksistensens bølger truer med at drukne os, vil legen i bølgerne være en dejlig oplevelse. Når vi stræber efter at se glæden i livet og bevarer taknemmeligheden i de mest udfordrende øjeblikke, bliver livet en dyrebar gave, som kan føre os til spiritualitetens højder. For at blive i stand til det, er vi nødt til at styrke de gode sider af os

Kærlighed er svaret

selv. Det vil hjælpe os til at mindske de negative tilbøjeligheder. At få selviskheden til at smelte og forsvinde er ikke en let opgave.

Det er kun ved at anerkende de indre dæmoner og indse, hvad de virkelig er, at vi kan opnå frihed fra sindets smerte. Vores sande natur er ren kærlighed – men det er næsten umuligt at elske andre mennesker, når vi er ophidsede eller virkelig irriterede på dem. Jeg kender en pige, som tilstod, at hun fantaserede om at kradse øjenæblerne ud på folk, når hun blev vred på dem. I denne tid er der virkelig mange mennesker, der har voldelige fantasier, som hvirvler rundt i deres sind. Selv i de hinduistiske skrifter er der en fortælling om en yogi, som blev så vred, at han med et enkelt blik forvandlede en fugl til en bunke aske.

Det er vigtigt at opbygge evnen til at give psykologisk afkald, når disse *vasanaer* (negative tilbøjeligheder) opstår indeni os. Vi skal lægge mærke til dem og forsøge at ændre dem, men vi må også være varsomme med ikke at komme til at hade os selv på grund af dem. Det vil kun styrke tilknytningen til det negative, hvis vi siger til os selv: "Jeg er så forfærdelig, fordi jeg

Amma får alt det negative til at smelte og forsvinde

har den og den fejl." Forsøg i stedet at finde ud af, hvilke måder du skal forandre dig på. Stræb efter at gøre det uden at være vred på dig selv. Slap af – alle har fejl – gør bare dit bedste for at rense ud og blive ren.

Vi kan ikke altid elske alle andre mennesker, men vi kan i det mindste forsøge ikke at blive vrede på dem, når de ophidser os. Det eneste, der afholder kærlighedens rene essens indeni os fra at udfolde sig, er vores vrede og vores ego. Hvis vi lader opmærksomheden fylde vores sind, vil der ikke være plads til vreden. Ved at være opmærksom på det guddommelige i hvert eneste øjeblik kan vi dæmpe det negative i os selv og opløse det. Det kan forsvinde som et lynglimt, når en positiv tanke træder i stedet.

For et par år siden var vi på vores tur på Mauritius. Der var en teenagedreng sammen med os, som indimellem var lidt fræk. Til sidst var der én, som begyndte at skælde ham ud og sagde: "Du er så uopdragen! Du opfører dig så dårligt! Du burde virkelig ikke opføre dig sådan!" Mens jeg betragtede den lille hændelse, forestillede jeg mig, at drengen når som helst ville blive virkelig ked af det. Men han bevarede roen, virkede helt uanfægtet og fortsatte med at smile. Jeg var imponeret over hans selvkontrol. Det er ekstremt vanskeligt for teenagere at forholde sig stille og roligt (særligt, når nogen råber af dem). Men i stedet for at blive vred og reagere udadtil, formåede denne dreng at forblive rolig hele den tid, samtalen varede.

Senere fandt jeg ud af, at drengen havde opdaget en pizzabar i nærheden. Inden han blev skældt ud, var han gået hen for at købe pizza og sodavand, som han havde taget med tilbage til programmet. Han var så lykkelig over, at han havde fået noget andet at spise end indisk mad. Selvom han blev skældt ud, var det ikke tilstrækkeligt til at fjerne hans gode humør. Han gumlede på sin pizza, og det eneste, han svarede ham, som skældte ud, var: "Du kan sige lige, hvad du vil. For nu har jeg min pizza, og så er jeg glad!" Jeg nød at være vidne til dette slående eksempel på at være fuldstændigt tilstede i det nuværende øjeblik.

Vi skal kigge på vores eget liv på samme måde. Vi har Amma, og derfor har vi alt. Vi har så meget mere end de fleste andre mennesker i denne verden. Her er vi sammen med den

Amma får alt det negative til at smelte og forsvinde

største mahatma, der nogensinde har eksisteret. Vi skal prøve at se på vores liv ligesom denne dreng så på sin pizza. Så 'osteagtigt' det end lyder, er Amma vores 'deluxe pizza' med alt det fyld ovenpå, vi ønsker!

Sandheden er så enkel, men den er meget let at glemme – sindet vil hele tiden forsøge at snyde os. Vi skal aldrig blive venner med det svingende sind, fordi det er tilbøjeligt til at trække os ned i det negative, på samme måde som tyngdekraften trækker os nedad. Man kender princippet fra eksemplet med gryden, der er fuld af krabber. Hvis en krabbe forsøger at kravle op for at befri sig selv, griber de andre krabber hurtigt og indtrængende fat i den og trækker den ned. Hvis det ikke lykkes krabberne på bunden af gryden at slippe fri, tillader de heller ikke nogen af de andre krabber at komme op og slippe fri. Det klassiske eksempel er en form for 'krabbesyndrom'. Når vi selv er låst fast i lidelse og rastløshed, tror vi fejlagtigt, at det giver os lidt fred i sindet at sørge for, at der også er andre, som har det elendigt.

I vesten er der strømninger i mainstream-psykologien, som opfordrer os til at dykke dybt ned i vores følelser og tillade os selv at se på dem og føle dem så stærkt som muligt. Tanker og følelser er flygtige og baseret på vores omskiftelige sind, som er rodfæstet i maya. De er under konstant forandring, så hvorfor skal vi tillægge dem så stor en vigtighed? Hvis vi fokuserer for meget på dem, svarer det til at give dem mere kraft, end de fortjener, og de vil blot styrke grebet i os.

Jeg kender en studerende, som læste psykologi i et stykke tid, men som oplevede, at hun psykisk blev mere forstyrret af det. I et års tid havde hun været i psykoterapi hos en psykolog, som opfordrede hende til at gå dybt ind i sine tanker og følelser. Hun blev så oprevet af det, at hun var nødt til at tage medicin for at kunne sove om natten. Som havets bølger skyller ind over kysten, er vores følelser hele tiden foranderlige. Vi skal ikke anse dem for at være alt for vigtige, da de ellers kan føre os, hvorhen det skal være. I stedet skal vi undgå at være tilknyttede og iagttage det hele inde fra bredden, mens bølgerne skyller frem og tilbage.

I mit eget liv har jeg erfaret, at der bliver taget fuldstændig vare på mig, når jeg holder mig selv travlt beskæftiget det meste af tiden og fokuserer på min uselviske tjeneste uden at lade

Amma får alt det negative til at smelte og forsvinde

mine følelser komme i vejen. Vi er tilbøjelige til at tro, at vi hele tiden skal tænke og føle og være i kontakt med vores evigt foranderlige og flygtige følelser. Men når vi tænker for meget, er det let at blive ført væk til en ikke så vidunderlig verden, som er fyldt af imaginære problemer. Vi bliver hvirvlet rundt i et mørkt og grumset hav, hvis bølger af tanker igen og igen kaster os mod klipperne. Det er langt bedre at forsøge at kanalisere vores energi i en positiv retning og chante et mantra end at fortabe os i illusoriske og bedrageriske tanker.

Det siges, at Gud har skabt alt i universet bortset fra egoet. Det var menneskets opfindelse og årsagen til, at det er så stærkt i os. Vi kan ikke overvinde egoet på egen hånd – vi er for tæt på det og kan ikke se det klart. Som en skygge følger det med os i alle situationer. Den eneste garanterede måde at få det opløst permanent er gennem en fuldkommen mesters nåde. Hvis vi lader Amma være vores guide, er vi nærmest garanteret, at det forstyrrende egos dage er talte. Nogle mennesker siger, at du ikke behøver at have en spirituel mester, og at du kan opnå befrielse på egen hånd, men det passer ikke i virkeligheden. Kun en meget, meget lille procentdel af alle mennesker egner sig til at finde vej uden en mester. De fleste af os er ikke egnede til det. Det værdifulde ved at have en guru er, at hun kan adskille os fra egoet, fjerne al smerte og lidelse og erstatte den med kærlighed.

Kapitel 15

At tjene andre uselvisk fører til nåde

"Det er meget enkelt. Du behøver ikke at vælge mellem at være god ved dig selv eller ved andre. Det er én og samme ting."

– Pierro Ferrucci

Amma minder os om, at solen ikke behøver ekstra lys fra et lille stearinlys. På samme måde har Gud ikke brug for noget fra vores side, fordi Gud er giveren af alt. Vi skal erkende, at det kun er for vores egen skyld, at vi udfører gode handlinger og tjener andre. Nåden strømmer hen til dem, som gør uselvisk arbejde og dermed legemliggør de sprituelle principper i deres liv. Også selvom den uselviske indsats ikke er 'religiøs'. Kraften i at tjene andre uselvisk er noget af det vigtigste, jeg har lært af Amma. At tjene andre sætter en strøm af guddommelig nåde i gang.

Hvis nogen kommer og spørger: "Kan du hjælpe mig med det her?" Hjælp dem. Det er Gud, som viser sig i forklædning, og som giver dig en mulighed for at åbne dit hjerte og lade din selviskhed smelte og forsvinde. For det meste er de måder, vi kan hjælpe andre på, meget enkle. Det kræver hverken meget tid eller stor anstrengelse af os. Hvem ved, hvor meget nåde vi kan få til at strømme hen i vores retning ved at gøre den slags ting. Du vil være mere velsignet, når du hjælper andre, end du vil være, når du bruger ugevis på at meditere. Det er små, enkle jobs, der er tale om. Det er ikke noget storslået. Men nådens strøm begynder at gå i vores retning. Amma fortæller os igen og igen, at hun vil blive ved med at huske dem, som uskyldigt tilbyder deres hjælp, især når de ikke behøver at gøre det.

Under Europaturen i 2013, hvor vi var på vej mod Holland, var det planen, at vi sent hen på eftermiddagen skulle standse ved en sø, hvor Amma ville servere en tidlig aftensmad til alle. Maden var allerede næsten forberedt: det var pomfritter og en indisk ret, der består af

At tjene andre uselvisk fører til nåde

dampkogte riskugler med noget sødt fyld indeni. Mens vi ventede på, at busserne med medhjælperne på turen skulle ankomme, begyndte køkkenholdet at tilberede vores aftensmad. De satte store komfurer op på græsset og satte store gryder med kogende olie op på dem, så de kunne stege pomfritterne. Vi ventede i mere end en time på, at busserne skulle komme. Men i løbet af den tid var den smukke eftermiddag blevet til en kold, mørk og meget blæsende aften. Amma besluttede derfor, at vi i stedet skulle køre hen til det sted, hvor programmet i Holland skulle afholdes.

Da vi kørte ud af parken, lagde jeg mærke til, at køkkenholdet stadig stod ved gryderne, der var fyldt med varm olie, og spredt rundt omkring lå de mange ingredienser. Jeg syntes, det var synd for dem og tænkte over, hvordan de mon kunne transportere den varme olie sikkert med sig. Det klarede de dog på en eller anden måde.

Da vi kom hen til hallen, besluttede Amma sig for at give mad til alle, der var mødt op. Det var mere end 400 mennesker. Køkkenholdet stegte kartoflerne og tilberedte hele måltidet på rekordtid. Amma serverede maden og gjorde alle glade. For mange mennesker ved programmet, var det deres første mulighed for at få et måltid serveret af en spirituel mester (traditionelt er det altid den anden vej rundt, men Amma følger aldrig denne tradition. Det er altid hende, som serverer for os). Ved slutningen af måltidet og lige før Amma skulle til at rejse sig, rakte hun ud og holdt den mands hånd, som jeg især havde haft ondt af. Det var kokken, der havde hovedansvaret for det møjsommelige arbejde med at tilberede maden. Hun tog hans hånd og kyssede den kærligt, uden at der var nogen åbenlys grund til det. Han var henrykt.

Når vi ikke beder om noget til gengæld, vil der blive givet mere, end vi nogensinde kunne håbe. Amma har ikke brug for at se os arbejde. Hun har heller ikke brug for at høre om det. Hendes nåde strømmer spontant til os i det rette øjeblik. Det er en af de smukkeste ting, vi kan lære: Når vi giver, modtager vi langt mere. Hvis man hele livet kun tager imod ting og ikke giver, hvad vil der egentlig være tilbage i sidste ende? Når vi har oplevet værdien af at give, vil glæden automatisk fylde vores hjerter. Vi bliver belønnet tusindfold.

At tjene andre uselvisk fører til nåde

Når vi holder op med at tænke på os selv og begynder at fokusere på andre, vil vi finde ud af, at det guddommelige giver os alt, hvad vi behøver. Det kan være, at vi ikke modtager alt det, vi ønsker eller godt vil have, men når vi ser på det med troens øjne, indser vi, at det guddommelige helt enkelt er ved at lære os noget værdifuldt.

For nylig fortalte en hengiven, som laver meget seva, en historie. Han fortalte om, hvad der skete, da hans badebukser var blevet så gamle, at de helt var faldet fra hinanden, og han var nødt til at anskaffe nogle nye. Ud af det blå kaldte Ammas personlige assistent på ham og fortalte, at Amma havde noget til ham. Han var lidt forvirret... hvad var mon det, Amma kunne have til ham? Han fik en lille pakke. Han tog papiret af og kiggede indeni. Det var hans gamle badebukser, som han havde mistet ved svømmebassinet i Amritapuri to år tidligere! En hengiven fra Mauritius havde taget dem med til Amma og fortalt hende, at nogen havde efterladt dem ved programmet der (hvordan hans gamle badebukser var kommet til Mauritius var et mysterium). Amma gav dem nu tilbage til ham... lige på det rette tidspunkt. Han erkendte der, at hun altid giver os alt, hvad vi har brug for på præcis det rette tidspunkt.

Overgiv dig til det, der dukker op og vær glad for det, du har. Husk at det guddommelige altid passer på os. Det er virkelig den bedste regel at leve sit liv ud fra.

Nogle gange virker det som om, at vi ikke modtager alt det, vi behøver, eller at vi stadig lider uden nogen grund trods vores gode handlinger. Her må vi huske på, at vores nuværende oplevelser er resultatet af de handlinger, vi tidligere har udført.

Vi er nødt til at være stærke nok til at stå ansigt til ansigt med alt, hvad vi møder her i livet og huske, at alle vanskeligheder er forklædte velsignelser. Hvis vi kæmper mod alt det, der sker, vil vi altid lide. Vi ender ofte med at tænke: "Nej, det her er forkert, det er en fejl. Det er ikke rigtigt. Det er ikke retfærdigt!" Forsøg at huske, at det hele er til for vores *egen* vækst og for at bringe de skjulte talenter frem, som findes indeni os. Hvis vi kan huske det, vil livets rejse blive langt lettere for os.

Hvis vi forsøger at være gode over for folk, vil det gode komme tilbage til os en dag. Vi kan

At tjene andre uselvisk fører til nåde

ikke gøre noget for at ændre fortiden. Enhver af vores handlinger har en reaktion, og den reaktion kommer tilbage til os på et eller andet tidspunkt. Vi kan ikke flygte fra det, der kommer til os, men det, vi gør lige nu, kan afgøre vores fremtid. Vi kan ikke udviske fortiden, men vi kan kontrollere vores negative respons i nutiden ved at forstå karmaloven.

Hvis vi beder og stræber efter at ændre vores dårlige handlinger ved at gøre gode ting, vil Satguruens nåde mindske noget af den negative karma, som ellers ville ramme os. Hun kan måske ikke fjerne det hele, fordi vi nogle gange er nødt til at lide for at lære noget værdifuldt. Men når vi oprigtigt forstærker anstrengelsen for at være gode ved andre, kan Amma på afgørende vis mindske vores lidelser.

Alle modtager altid præcis det, de har brug for, af det guddommelige. Når vi gør vores spirituelle praksis ordentligt og uselvisk beder for andre, så vil vi udvikle den indstilling, som gør os i stand til at huske denne sandhed. Det er det fantastiske ved at tjene: Når vi giver til andre, vil vi selv modtage langt mere.

Kærlighed er svaret

Kapitel 16

Det guddommelige vil altid tage vare på os

*"Hvis vi tager vare på i dag, vil
Gud tage vare på i morgen."*

— *Mahatma Gandhi*

Hav tillid til, at det guddommelige ved, hvordan der skal passes på hvert enkelt menneske. Vi er de eneste væsener i hele skabelsen, som hele tiden bekymrer os om os selv. Når vi tror på, at der altid vil blive taget vare på os, kan vi fokusere vores energi på at hjælpe andre i stedet for.

I bibelen siger Jesus: "Derfor siger jeg jer: I må ikke være bekymrede for jeres liv, hvad I skal spise, eller hvad I skal drikke; heller ikke for jeres legeme, hvad I skal klæde jer med. Er ikke livet mere end maden og legemet mere end klæderne? Se til himlens fugle; de sår ikke og høster ikke og samler ikke i lade, og dog giver jeres himmelske Fader dem føden. Er I ikke meget mere værd end de? Og hvem af jer kan lægge en eneste time til jeres liv ved at bekymre jer? Og hvorfor er I bekymrede for klæder? Læg mærke til liljerne på marken, hvorledes de vokser; de arbejder ikke og spinder ikke; men jeg siger jer, at end ikke Salomon i al sin pragt var klædt som en af dem. Hvis Gud således klæder græsset på marken, som står i dag og i morgen kastes i ovnen, skulle han så ikke meget snarere klæde jer, I som kun har lille tro? Derfor må I ikke være bekymrede og sige: "Hvad skal vi spise?" eller: "Hvad skal vi drikke?" eller: "Hvad skal vi klæde os i?" Matthæus (6:25-32)."

For nogle år siden fik en meget hengiven mand at vide, at han sandsynligvis ville blive fyret fra sit job. Da det var meget vanskeligt at få arbejde som ingeniør på det tidspunkt, vidste han, at kun nåden kunne hjælpe ham. Amma var på sin Europatur, så han fandt telefonnummeret på internettet. Han vidste, at der kun var en lille sandsynlighed for, at den travle vært ville svare telefonen nu, hvor Amma var på besøg i byen. Men da han ringede, svarede værten alligevel med det samme. Han spurgte, om han kunne tale med en bestemt swami, som 'tilfældigvis' stod lige ved siden af værten. Swamien overtog telefonsamtalen og sagde til den hengivne, at Amma ville få besked om den mulige fyring.

Fem minutter efter at manden havde ringet, fortalte hans leder ham officielt, at han ville blive fyret. Han ringede med det samme tilbage til swamien. Swamien fortalte ham, at så snart han var kommet ind i Ammas værelse, og før han havde nået at fortælle hende, hvad der var sket, havde Amma bemærket: "Min ingeniørsøn har lige ringet til dig, og han er bekymret over sin jobsituation." Hun fortsatte: "Han skal ikke bekymre sig. Jeg vil sørge for det hele."

Den hengivne havde fuldstændig tiltro til, at Amma ville sørge for ham og besluttede sig med glæde for at bruge den tid, han var uden arbejde, til at lave seva i San Ramon-ashrammen. Mens han lavede sin seva, besøgte en anden ingeniørs kone ashrammen og spurgte ham, om han kendte nogen, der søgte arbejde. Hun ønskede at ansætte en med præcis de kompetencer, han havde.

Alt, hvad vi har brug for, vil blive givet til os, uden at vi beder om det. Hvis vi lærer at overgive os med tillid og tro på dette uden at kræve mere, vil vi finde ud af, at der er en strøm af velsignelser, der strømmer til os hele tiden.

Det guddommelige elsker os virkelig og ved, hvad der er bedst for os. Men vi er som børn, der kun vil have det, vi ønsker, og ikke ser velsignelserne i det, vi allerede modtager. En hengiven, som er skolelærer, fortalte en historie om en af sine elever:

"Der var en ung fyr i min klasse sidste år. Han spillede fodbold, han havde et flot udseende, han var charmerende og venlig overfor sine klassekammerater. Han var ret intelligent, men savnede i høj grad selvdisciplin. Hver eneste dag kom han glad og spøgende ind til timen, men når eleverne skulle i gang med at arbejde, begyndte han at jamre og beklage sig med stor bitterhed. "Frøken, jeg hader de her timer. Der er for meget arbejde, jeg kan ikke klare det. Jeg vil ikke en gang forsøge, jeg kan alligevel ikke klare det. Du gør det alt for svært." Hver dag gentog det sig på samme måde.

Jeg forsøgte at være venlig, jeg forsøgte at være hård, jeg forsøgte at vise medfølelse, jeg forsøgte at være streng. Men jeg sagde altid: "Jo, det kan du, og jo, det vil du."

Nu må jeg også tilstå, at jeg blev overvældet af alle hans beklagelser... måned efter måned fortsatte kampen. Hans karakterer begyndte at dale, og han ville ikke kunne fortsætte med at spille fodbold, hvis han kom ned under et sekstal. Derfor gav jeg ham ekstrahjælp efter skoletid. Men morgenen efter fortsatte de samme gamle beklagelser.

Til sidst var jeg så frustreret, at jeg begyndte at adskille ham fra sine venner, så han kunne sidde alene i et andet rum og koncentrere sig. Han blev endnu mere vred og fjendtlig, men hver dag sendte jeg ham til det nye sted. Til sidst viste Amma sig på en skjult måde en dag, hvor ingen af os forventede det.

Drengen var begyndt at kludre i det, og jeg sagde: "Ok, nu er det på tide, at du går hen for dig selv." Han begyndte at brokke sig, men jeg fortsatte: "Ved du, hvad det *virkelige* problem er her?" Jeg var alvorlig, og det vidste han godt.

Han svarede: "Nej, hvad er det virkelige problem?" Jeg sagde: "Min kære, du tror, at jeg straffer dig, men det gør jeg ikke. Det virkelige problem er, at du bare ikke ved, at *sådan ser kærligheden ud.*" Han standsede op, og der blev helt stille i rummet. Du kunne høre en knappenål falde til jorden. Jeg kunne billedligt talt se de små hjul dreje rundt i hovedet på ham.

Han så overrasket på mig: "Mener du virkelig det, frøken?"

Jeg svarede: "Ja, min kære. Det her er kærlighed, lad os nu komme til arbejdet."

Han faldt til ro, væk fra sine venner, og arbejdede støt og roligt resten af timen. Til sidst kom jeg hen bag ham og lagde min hånd på hans hoved, mens jeg sagde: "Kan du se, du arbejder rigtig fint, når først du er kommet i gang. Du har bare brug for lidt hjælp til at tage hul på tingene."

Nu ville det være dejligt, hvis jeg kunne sige, at han aldrig igen beklagede sig, men det ville ikke være rigtigt. Indimellem skabte han stadig nogle problemer. Men fra den dag og fremover kunne jeg nøjes med at fange hans blik, sige hans navn, og så var det tydeligt, at han huskede ordene: *"Det er sådan kærligheden ser ud,"* og så faldt han til ro igen.

Jeg har selv fået en uventet velsignelse. Uanset, hvornår jeg selv beklager mig over det, som det guddommelige har bragt ind i mit liv, føler jeg det nu som om, jeg kan høre Ammas stemme sige til mig: "Ved du, hvad det virkelige problem er? Det virkelige problem er, at du bare ikke ved, at *det er sådan kærligheden ser ud!"*

At det er sådan, det forholder sig, kan måske være svært at huske nogle gange. Især i de vanskelige situationer – men hvis vi kan overgive os til den guddommelige vilje og finde kærligheden i den, så vil vore liv helt sikkert være velsignede. Nogle gange kan livet i den ydre verden virke som en kamp. Men Amma husker os på, at den virkelige slagmark findes inde i os selv. Det er de negative følelser som frygt, vrede, jalousi og manglen på tro, som er vores sande fjender.

Amma er som Sri Krishna, der styrer vores stridsvogn gennem kampen. Hun venter tålmodigt på, at vi skal søge hendes vejledning. Vi skal vænne os til at bede og tale med det guddommelige og udvikle en indre samtale med vores sande Selv i stedet for at lytte til de negative tanker, der kværner løs og forsøger at føre os i den forkerte retning. Når vi forbliver centrerede i stedet for at blive revet væk af tanker og følelser, vil sindet blive mere klart og kontrolleret. Vi vil finde alle de svar, vi har brug for; de venter tålmodigt inde i os og er klar til at boble frem, når vi giver dem chancen for det.

Kapitel 17

At finde vores sande dharma

"Der findes en vidunderlig mytisk naturlov, som siger, at de tre ting vi mest af alt søger i livet – glæde, frihed og fred i sindet – altid opnås ved at give dem til en anden."

– *Peyton Conway March*

Vores sande dharma i livet er at erkende, hvem vi er og at tjene andre. Vi ønsker alle en god fremtid – den skabes af det, vi gør i nuet. Nuet er alt, vi har, så gør gode ting lige nu. Så enkelt er det. Hvorfor er vi tilbøjelige til at gøre tingene så komplicerede?

At leve et ordentligt liv og gøre gode handlinger når som helst, vi er i stand til det, er årsagen til, at vi er her. Det er langt mere vigtigt at leve og handle på en dharmisk måde, end det er at forsøge at finde en mening i vores foranderlige tanker og følelser. For meget af vores energi bliver fokuseret på den omskiftelige verden af følelser og tanker. Husk ganske enkelt, at der altid bliver passet på dig, og spild ikke tiden med at bekymre dig (meget lidt af det, vi bekymrer os for, kommer nogensinde til at ske). I stedet for at fokusere på dig selv, skal du bruge energien på at fokusere på andre. Hvis vi stræber efter at leve op til de højeste idealer, vil vi finde fred.

Jeg husker en dag, mens vi rejste rundt i USA, hvor Amma spurgte et lille barn, som var med i bilen: "Hvad er grunden til, at du er blevet født?"

Han svarede: "Øh… det ved jeg ikke."

Amma besvarede spørgsmålet for ham. "For at vide, hvem du er og for at hjælpe andre. Sig det fem gange."

Så han gentog det: "For at vide hvem jeg er og for at hjælpe andre. For at vide hvem jeg er og for at hjælpe andre. For at vide hvem jeg er og for at hjælpe andre. For at vide hvem jeg er og for at hjælpe andre. For at vide hvem jeg er og for at hjælpe andre."

"Du skal aldrig nogensinde glemme det," sagde hun alvorligt til ham. Hun sagde, at han skulle sige det til sig selv fem gange hver dag, så han altid ville huske det.

Det er dharmaen i livet: at vide hvem vi er og at hjælpe andre.

For det meste ønsker vi at vide noget om, hvad andre gør, men det er kun sjældent, at vi ser på, hvem *vi* selv er. Vi vender os altid udad efter svar, men aldrig indad. Alligevel er det den indre undersøgelse, som vores eksistens og rejse gennem livet handler om. Vi er her for at forstå, hvem vi virkelig er, og hvorfor vi er her.

Når vi sidder foran Amma, kan det godt være, at vi nyder hendes opmærksomhed i et stykke tid. Men det er ikke tilstrækkeligt. Hvis vi virkelig skal opleve indre fred, må vi opnå den nåde, som består i at kunne kontrollere sindet. Det er den ultimative opgave, som vi skal mestre, men det er også den vanskeligste.

Amma vil måske smile til os eller overøse os med kærlighed i et stykke tid, og det kan midlertidigt gøre os lykkelige. Men det er ikke det ultimative mål. Målet er at blive grundfæstet i den lyksalighed hele tiden. Det kræver, at vi går dybt ind i os selv og finder kilden i vores egen eksistens. Mange unge mennesker ønsker i dag at 'finde sig selv'. Men selvom de har det mål for øje, ender de fleste af dem med at søge i en forkert retning. Det kræver mod og en ekstrem styrke at rejse på vejen mod det virkelige mål, som er at finde vores sande Selv, det evige Selv, som er ét med det guddommelige.

Jeg husker en dag, hvor jeg deltog i en workshop om ledelse. Der deltog mange mennesker, der ønskede at blive ledere. Alle virkede meget begejstrede, og de var ivrige efter at finde ud af, hvad hemmeligheden var. Underviseren snakkede og snakkede.

Helt ærligt må jeg tilstå, at jeg fandt det ret kedsommeligt. Der var ikke noget af det, han sagde, som tiltrak sig min opmærksomhed, før vi var ved at nå hen til slutningen. Så sagde han denne sætning: "Find ud af, hvad gaven i dit liv er, hvad du er god til, og brug den til at tjene andre." Da jeg hørte det, tænkte jeg, at dette ene udsagn havde været deltagelsen i hele workshoppen værd.

Tanken om, at det er den dharmiske rolle for os her i livet, fæstnede sig i mit sind. At finde

At finde vores sande dharma

ud af, hvad vores gaver her i livet er og bruge dem til tjene andre. Det er det, som mange store ledere har gjort her i verden. Det er også sådan, Ammas liv har været. Da hun var ung, fandt hun ud af, at hun havde den gave, at hun kunne trøste andre. Hun har brugt sit liv på at gøre præcis det, og hun har fulgt en fuldstændig dharmisk vej i livet.

Utallige mennesker spørger Amma: "Amma, hvilken slags seva/skole/arbejde skal jeg fokusere på?" Det vigtigste er ikke, *hvad* vi gør, men *måden* vi gør det på. Vores indstilling bag handlingen er det afgørende. Det arbejde, vi gør, skal ikke definere, hvem vi er. Det afgørende er ganske enkelt at tjene andre på en hvilken som helst måde, vi kan, og bruge vores talenter bedst muligt.

Det er let at opnå guruens nåde, men at blive et virkelig godt menneske er langt sværere. Altid at gøre det rigtige, at udføre uselviske handlinger og altid tænke godt om andre – at tæmme de vilde bæster, der bor i vores sind – er en kæmpe opgave. Det skal ikke skræmme os. Vi behøver ikke at være slaver og altid ofre os selv for andre. Det er i orden, at vi sikrer os, at der som det første bliver taget vare på vores behov. Når det kommer til stykket, kræver det en utrolig og utrættelig indsats at blive et autentisk menneske. Kampen for at finde det ægte 'menneskelige' indeni os er en livslang udfordring. Man har brug for en heltemodig indstilling, for at det lykkes.

En hengiven fortæller denne historie:

"Da jeg voksede op, var begge mine forældre alkoholikere. Vold, stoffer og alkohol var alt, hvad jeg kendte til. Jeg begyndte at drikke allerede i de tidlige teenageår, og kort tid efter begyndte jeg at tage stoffer. Snart røg og drak jeg hver eneste aften. Det fortsatte på den måde i næsten tyve år. Jeg havde fuldstændig mistet mig selv og var ved at gå til i min afhængighed. Jeg forsøgte flere gange at bryde den, men savnede styrken til at gennemføre det. Til sidst var jeg ved at blive nedbrudt af selviskhed og selvforagt og følte kun fred indeni, når jeg var påvirket.

Da jeg mødte Amma, forvandlede hele mit liv sig. Jeg følte en øjeblikkelig forbindelse med hende og blev overvældet af hendes kærlighed. Jeg vidste med det samme, at hun ønskede mere af mig, end at jeg mistede mig selv i stoffer og alkohol. Afhængigheden af begge dele blev brudt den aften, jeg modtog min første darshan – og jeg har været clean lige siden.

Når jeg ser Amma give darshan, er jeg så inspireret af den kærlighed og omsorg, hun lader strømme til alle. Hun har inspireret mig til at standse mine destruktive vaner og bruge min tid på at hjælpe andre i stedet for. I stedet for at drikke bruger jeg nu mine aftener på at lave frivilligt arbejde. Amma har har vist mig vejen til sand kærlighed og indre fred."

Det er ekstremt sjældent, at man finder inspirerende rollemodeller: Næsten ingen har inkorporeret de højeste intentioner og de mest noble værdier i deres liv. Værdier som fred, kærlighed og medfølelse kan ikke bare forblive ord på et stykke papir. Vi må stræbe efter at udtrykke dem i vores handlinger. Det er ikke nok at tænke, at vi vil gøre store ting i fremtiden. Det er det nuværende *nu,* som vi er nødt til at arbejde på. Vi skal ikke blive ved med at spilde vores liv og planlægge at forandre os i fremtiden. Vi opfinder så mange undskyldninger, for ikke at forbedre vores handlinger lige nu. Vi skal slippe undskyldninger som 'men', 'hvis bare' og 'når alt det her forandrer sig'. Amma minder os om, at livet ikke er en generalprøve. Det er nu, det sker… her og nu.

Du skal udfordre dig selv og handle efter de højeste idealer (du ved, at du burde gøre det!). Ellers vil du forgæves lade dit liv brænde ud til ingen nytte. Vores energi bliver hurtigt spildt, når vi ødsler den væk på uproduktive forehavender. I stedet skal vi stræbe efter at tjene andre på de måder, vi er i stand til. Hvis vi kan holde fast i denne hellige intention, vil vi gøre os fortjent til at modtage nåden i vores eget sind og finde den ægte fred inden i os selv, som vi alle længes efter.

At vise medfølelse er ikke så vanskeligt, som vi tror. Det er vores fødselsret og den nåde, der frelser os. Når Amma giver gratis uddannelse til børn gennem sine stipendier, understreger hun

At finde vores sande dharma

kun én ting: Når de er færdiguddannede og har fundet en levevej, skal de betale tilbage ved at sponsorere en uddannelse til et andet barn. På den måde skaber Amma en smuk sommerfugleeffekt, hvor gode ting i livet gives videre og videre. Vi har modtaget så mange velsignelser i vores liv. Lad os udtrykke vores taknemmelighed ved at tjene andre.

Ammas budskab til os er i teorien meget enkelt: Stræb efter at elske alle og tjen dem på de små måder, hvor du er i stand til det. Amma gør det i hver eneste af sine handlinger, i hvert eneste åndedrag. Med bare en lille indsats fra vores egen side kombineret med Ammas vejledning og nåde, vil vi også finde ud af, at hendes kolossale kærlighed er tilgængelig indeni os selv.

Kapitel 18

Find den indre tro

*"Du er ikke en dråbe i oceanet. Du
er hele oceanet i en dråbe."*

– *Rumi*

Når man har lavet undersøgelser af, hvilke mennesker der er mest lykkelige, har man fundet ud af, at de mennesker, der tror på eksistensen af en højere kraft, er mere lykkelige end dem, der ikke har en tro.

Ingen kan tvinge os til at tro. Troen er noget, vi selv må udvikle. Hvis vi har en tro, en sand tro på Gud eller guruen, kan den tro ikke blive rystet af nogen eller noget. Sand tro er urokkelig og uforanderlig. Vi er nødt til at lytte til vores eget hjerte, sind og intellekt for at udvikle tro – der er ingen tvang involveret. Troen vil ganske enkelt vågne indeni os, når vi går på vejen mod kærlighed.

Nogle gange tænker folk: "Åh, jeg vil ikke blindt tro på, at Amma er min guru, så derfor vil jeg spørge hende om det." De kommer op til Amma under darshan og siger: "Amma, er du min guru?" Amma er så ydmyg og fuld af medfølelse, at hun helt naturligt udstråler disse egenskaber. Så når vi spørger hende, om hun er vores guru, er det aldrig et problem for hende. Hun tager sig ikke af det. Hun er altid klar til at bevæge sig helt ned på vores niveau og kærligt sige: "Ja, ja, mit barn, jeg er din guru."

Amma er den største spirituelle mester, som nogensinde har levet. Hvis vi bruger vores opmærksomhed og skelneevne, bliver denne sandhed åbenlys. Kig på hende, se og mærk hendes kraft: Alene de vibrationer, som kommer fra Amma, er kraftfulde nok til at vise os, hvem hun virkelig er. Tænk over den måde, hun har levet sit liv. Hun kan helt sikkert føre os fra mørket til lyset, men vi må også selv samarbejde og være opmærksomme.

Nogle mennesker kan automatisk fornemme store sjæles guddommelige nærvær, fordi de har det spirituelle grundlag for at forstå de ting. De har let ved at indstille sig selv på fine niveauer og

Find den indre tro

dykke ned i de vibrationer, som en oplyst mester udstråler. Alligevel er der mange flere, som ikke er nået til det niveau, og som bare ser Amma som en sød kvinde, som giver mange omfavnelser og bestyrer et usædvanligt stort netværk af godgørende aktiviteter. Ultimativt set gør det ingen forskel for Amma, hvad folk tænker eller siger om hende. Hun strømmer ganske enkelt ud i verden som en mægtig flod af kærlighed, som fører os tilbage til den samme kilde, hvis vi tillader os selv at følge strømmen. Hvad vi hver især vælger at gøre med hendes livgivende vand er helt op til os – floden strømmer ganske enkelt.

En satguru ser fortiden, nutiden og fremtiden. Når Amma ser på os, ved hun alt i disse forskellige sfærer. Hun har kraften til at tune sig ind i andre bevidsthedsdimensioner, hvis behovet opstår. Det betyder ikke, at hun dømmer os med sin viden. Hun er altid forstående og viser medfølelse.

Når vi ser på Amma, kan vi ikke huske fortiden, kende fremtiden eller bare dvæle i nuet i mere end et par sekunder. Vi ser på hende og på grund af vores begrænsede kapacitet undrer vi os: "Kender hun mig virkelig? Forstår hun virkelig fuldstændig, hvad der foregår?" Det gør hun. Tvivl ikke på det. Så mange er blevet velsignet med den direkte oplevelse af Ammas alvidenhed.

Da Ammas bror var teenager, havde han aldrig prøvet at ryge eller drikke. En dag, da han var sammen med en anden teenager, som boede i nærheden, forsøgte vennen at friste ham med en cigaret. Ammas bror vidste ikke, hvad han skulle gøre. Han følte, at det var forkert at ryge og ønskede ikke, at Amma skulle finde ud af, at han følte sig fristet til at gøre det. Men han var også lidt begejstret for ideen. Hans ven foreslog: "Lad os mødes her i morgen, og så vil jeg tage en cigaret med, så du kan prøve det."

Den næste morgen, da Ammas bror var ved at malke køerne, kom Amma hen til ham. "Ryger du cigaretter?" spurgte hun ham. Han blev helt stille og svarede ikke. Hun fortsatte og sagde: "Det ved jeg, at du ikke gør... så GØR DET IKKE!" Han var chokeret over at høre den advarende tone i hendes stemme. Selvom han endnu ikke havde prøvet at ryge, havde han planer om at gøre det senere på dagen. Han indså, at Amma var kommet hen til ham den morgen

for at afholde ham fra at gøre noget forkert. Efter den oplevelse var han altid påpasselig med ikke at gøre noget dårligt, som kunne føre ham i en forkert retning.

De fleste af Ammas slægtninge har ikke længere så mange muligheder for at bruge tid sammen med hende som dengang, de voksede op. Der kan gå lang tid imellem, at Amma sender bud efter dem og ønsker at tale med dem, og nogle gange bliver de kede af det. Den bror, som havde oplevelsen med cigaretterne, tænker indimellem: "Det er fordi, jeg ikke gør noget forkert, at Amma ikke kontakter mig. Hvis jeg gjorde noget galt, så ville hun kalde på mig." Når som helst han ønsker at gøre noget, som han ved, at Amma ikke vil synes om, plejer han først mentalt at fortælle Amma om det. Bagefter fortæller han det så til sin kone.

En dag blev han så frustreret over, at Amma ikke bad ham om at komme, at han til sidst besluttede sig for, at han ville prøve at ryge. Som sædvanligt fortalte han først mentalt Amma om det, og så var han bagefter åben om planerne og delte dem med sin kone. Hun var overrasket, men sagde ikke noget til det. Et øjeblik efter

Find den indre tro

ringede telefonen. Han bad sin kone om at svare, men det nægtede hun at gøre, så han måtte selv svare. Det var Amma, som ringede og bad ham om at komme op til hendes værelse for at møde hende. Selvom det bare var en tom trussel, at han ville begynde at ryge, havde Amma kaldt på ham med det samme.

Det betyder ikke, at vi skal true med dårlige handlinger for at opnå Ammas opmærksomhed, men det viser, hvor meget hun forstår os og holder af os. Amma beder altid for, at vi vil handle på den rigtige måde. Hendes eneste ønske er, at vi bevæger os i en dharmisk retning og nærmer os kærligheden.

Der findes intet bedre tilbud noget sted i verden end at søge tilflugt ved hendes lotusfødder. Du er frit stillet til at gå ud i verden og søge efter andre ting, men du vil ikke finde en bedre guru noget sted i denne skabelse. Amma er det stille vidne til alt, og hun giver uden ophør nåde, lyksalighed og kærlighed til alle. Hun giver så meget mere, end vi har mulighed for at forstå.

Den mor, som fødte os, vil passe på os i nogle få år, men Amma har lovet at komme tilbage indtil tidernes ende for at føre os til det ultimative mål, som er befrielsen fra vores lidelse. Hun vil ikke tvinge os. Hun vil ganske enkelt holde os i hånden og guide os på vejen. Hvis det er til vores bedste, vil hun nogle gange skubbe os lidt fremad, når der er noget, vi tøver med at gøre. Hun kan også få os til at konfrontere ting, som vi ikke helt ønsker at skulle stå ansigt til ansigt med. Men kraften i hendes kærlighed er så stærk, at det kan hjælpe os til at overvinde hvilken som helst udfordring, der kan opstå.

Folk bliver sårede af så mange oplevelser i livet. Kærligheden har en mere helbredende virkning end noget andet her i livet. Det er den, Amma tilbyder.

Amma er manifestationen af vores eget sande Selv. Hun er allerede hel og fuldstændig. Hun ønsker ikke noget fra nogen, endsige kærlighed eller hengivenhed. I virkeligheden er det os, som har brug for hende. Vi er dem, som får gavn af at tro på Amma. Hendes kærlighed og guidning vil kun give os glæde her i livet.

Hver eneste hengiven har forbløffende historier om den vejledning, de har fået af Amma, men de glemmer dem hurtigt igen. Vi lytter til det omskiftelige sind og til uberegnelige menZnesker. Vi tænker: "Nej, måske er Amma ikke oplyst. Hun er kun optaget af sine favoritpersoner. Hun ser slet ikke til min side. Hun snakker hele tiden med den person derovre!" Eller der kan være andre fjollede årsager. Amma lader sig ikke trække ind i de dramaer, vi udspiller, selvom det indimellem kan se sådan ud. Hun kan reagere på forskellige situationer og udtrykke forskellige følelser som sorg og vrede. Men indeni forbliver hun uberørt.

Amma er fuldstændig grundfæstet i den ultimative forståelse: Hun oplever hele tiden kontakten til det guddommelige, som eksisterer i hvert eneste atom i denne skabelse. Befrielse er en ophøjet tilstand i sindet. Det er årsagen til, at det siges, at vi aldrig skal dømme en mesters handlinger – deres sind fungerer på en anden måde end vores eget. Når vi tillader os selv at standse op og observere Amma på en objektiv måde, bliver sandheden åbenlys. Amma er ganske enkelt inkarnationen af ren kærlighed. Det er ikke muligt at flygte fra den kærlighed. Før eller senere må vi alle overgive os til denne sandhed og selv blive inkarnationer af kærlighed.

Amma er kærlighedens budbringer, som manifesterer den rene kraft og uselviskhed, og hun er her for at føre os fra mørket til lyset. Hun er kommet for at minde os om, hvem vi virkelig er.

Det mest betydningsfulde, jeg har lært af Amma, er, at kærlighedens kraft virkelig er svaret på alt.

www.ingramcontent.com/pod-product-compliance
Lightning Source LLC
Chambersburg PA
CBHW060156050426
42446CB00013B/2846